KLEINER HAFEN
Lungomare di Levante
Elio Vittorini
Piazza
Ionisches Meer
Tempio di Apollo
Via Resalibera
Via Savoia
Corso Matteotti
Via Cavour
Palazzo Bongiovanni
Ortigia
Via Vittorio Veneto
Isole dei Cani
Via della Maestranza
Via Roma
Via della Giudecca
Passeggio Aretusa
Cattedrale Santa Maria delle Colonne
Piazza Duomo
Forte Vigliena
Foro Vittorio
Piazza S. Giuseppe
Via Nizza
Lungomare Alfeo
Lungomare d'Ortigia
N
Piazza Federico di Svevia
Castello Maniace

mare

Joachim Sartorius

DIE VERSUCHUNG VON SYRAKUS

mare

3. Auflage 2023

Lektorat Claudia Jürgens, Berlin
Karten Peter Palm, Berlin
Typografie Iris Farnschläder, mareverlag
Schrift Caslon
Druck und Bindung CPI books GmbH, Germany
ISBN 978-3-86648-676-8

FSC www.fsc.org MIX Papier | Fördert gute Waldnutzung FSC® C083411

www.mare.de

Für Karin

»Aber für mich kommt in Syrakus
vielleicht noch Schöneres.«

Sigmund Freud in einem Brief aus Palermo
vom 18. September 1910 an Martha Freud

INHALT

DORTSEIN

1.

Giuseppe Monteleone war achtunddreißig Jahre Polizist in Syrakus gewesen. Jetzt war er schon mehr als zehn Jahre pensioniert. Immer noch eine stattliche Gestalt, wenn auch mit Bauch und nun schweren Beinen. Das Markanteste an ihm war sein Kopf, dem des Kaisers Vespasian sehr ähnlich: scharfe Nase, kantige Kinnlade, kurz geschorener weißer Backenbart, ein wulstiger Nacken und flinke, blitzende Augen. Er lebte in einer geräumigen Wohnung an der Piazza del Precursore in Ortigia, direkt bei der aufgelassenen gotischen Kirche San Giovanni Battista, mit seinem schwarz-weißen Hund, einer Promenadenmischung aus Pinscher und Zwergterrier, der ständig im Falsett kläffte und mich, der im Haus gegenüber wohnte, nur zwei Etagen höher, nicht als seinen Freund betrachtete. Die Piazza del Precursore liegt in der Giudecca, dem alten jüdischen Viertel, die Giudecca ist ein Teil Ortigias und Ortigia selbst eine Insel, die »Wachtelinsel«, der älteste Teil des großen und einst mächtigen Syrakus.

Als ich die Wohnung auf der Piazza del Precursore kaufte – sie gefiel mir vor allem wegen einer großen Terrasse mit Blick auf das offene Meer mit regem Schiffsverkehr –, lernte ich vier Menschen fast gleichzeitig kennen: den Nachbarn Giuseppe Monteleone, die Übersetzerin Dora Suma, die mir bei den notariellen Geschäften half, die ich tätigen musste, den Maler

Gaetano Tranchino und den Baron Lucio Tasca di Lignari, einen Spross aus altem sizilianischem Adel, der mich beim ersten Kennenlernen in seiner Massigkeit und Müdigkeit sogleich an den Fürsten in Lampedusas berühmtem Roman *Il Gattopardo* gemahnte und in einem der Paläste, die die Piazza Duomo säumen, residierte.

Warum Syrakus, wieso Ortigia? Als meine Mutter starb, hatte ich plötzlich etwas Geld. Fantasielos, wie ich es in Finanzdingen bin, dachte ich, ich müsse es in einer Immobilie anlegen, möglichst am Südende Europas, möglichst am oder im Mittelmeer. Sizilien kam mir in den Sinn. Ich hatte diese Insel schon öfter bereist. Sie hatte mir auf Anhieb gefallen, bis hin zu den Dingen, die man gemeinhin am wenigsten mag, zum Beispiel den Autobahnen, die im frühen Sommer von Oleander und purpurrot schäumender Bougainvillea so dicht eingehegt waren, dass man sich als Teil einer endlos langen Kamerafahrt durch Blütenmeere wähnte. Ich mochte das nordafrikanisch anmutende Trapani, die Insel Mozia, den riesigen Trümmerhaufen Selinunt, die griechischen Tempel von Agrigent, bei deren Anblick auch dem Dümmsten das Wort »erhaben« einfallen musste, und das karge Landesinnere, Enna und Caltagirone. Aber Syrakus war am stärksten haften geblieben. Ich war, es mag mehr als zwanzig Jahre her gewesen sein, einmal ganz um Ortigia herumgegangen. Das dauert nicht mehr als fünfzig Minuten. Die Weite des Meeres war überall zu spüren. Es schimmerte am Ende eines jeden Straßenzugs. Zugleich machte das Licht aus Ortigia eine weiße Stadt. Und auch das spürte ich sofort: Auf dieser kleinen Insel überlagerten sich Erinnerungen und Überreste von Ereignissen, welche sich vor Jahrzehnten, Jahrhunderten und Jahrtausenden zugetragen hatten.

Wie eine Insel mit ihrer Vergangenheit umging, mit ihrem Niedergang, denn es war eine große Vergangenheit gewesen, das interessierte mich sehr.

2.

Ich versuche mir die ersten griechischen Siedler vorzustellen, die aus Korinth kamen und die sizilianische Ostküste abstreiften, auf der Suche nach dem idealen Ort für eine Niederlassung, für einen maritimen Stützpunkt. Sie schipperten, wahrscheinlich vom heutigen Augusta kommend, die Küste entlang. Man braucht eine schon halsbrecherische Fantasie, um sich diesen heute von petrochemischen Anlagen überzogenen und grässlich bebauten Landstrich unberührt auszumalen, nur Ginster und Maquis und Nadelbäume und Bienenvolk. Die Korinther entdeckten eine kleine Bucht, dann eine schmale Insel, die ins Ionische Meer hinausfingerte, und dann eine große Bucht, begrenzt von der Halbinsel, die zur Zeit Vergils Plemmyrium hieß und heute Plemmirio genannt wird. Sie müssen sich nicht eingekriegt haben, denn natürliche Zwillingshäfen, der eine davon immer geschützt, egal, wie der Sturmwind gerade steht, sind selten, und einen so großen Hafen wie den Porto Grande hatten sie sich nicht träumen lassen. Im Jahr 734 v. Chr., wenn wir den Historikern glauben, gründeten sie hier eine erste Siedlung, das antike Syrakusai. Vierhundert Jahre später war Syrakus eine Weltstadt, hatte die Karthager in ihre Schranken verwiesen und machte Athen den Rang streitig, die erste Stadt im Mittelmeer zu sein.

3.

Es gibt Abende, heute, an denen Ortigia in einem Meer der Vorstellungskraft liegt. Wenn der Blick genau ist, das Auge die Linien hinter den Bastionen und Häusern aufspürt, öffnen die Mauern diese alte Welt wie einen Fächer.

4.

Monteleone steht auf seinem Balkon, im Morgenmantel mit den verschlissenen Litzen. Trotz der vertrockneten Zwergkakteen zu seinen Füßen, trotz der schlunzigen Enge des Balkons ein Imperator. Sahen die alten Tyrannen von Syrakus, Gelon, Hieron, Dionysios und Dion, nicht genauso aus?

Uns faszinieren in der Geschichte vor allem die Gestalten, über deren Leben es nur wenige gesicherte Fakten gibt. Man klaubt sie sich bei Diodorus oder Herodot zusammen, und nach und nach entsteht aus Bruchstücken fast so etwas wie ein tatsächlicher Mensch. Doch der Anteil an Legenden, die diese Gestalten umranken, ist ungleich größer, auch prägender. Aus dieser Mischung aus Fakt und Fantasie entsteht ein mythisches Wesen, fast so etwas wie ein Halbgott. Dionysios I. wurde für mich, nach Lektüre der ersten Bücher zur Geschichte von Syrakus, so ein halbgöttisches Wesen, die eindrücklichste Gestalt unter all diesen eindrücklichen Tyrannen von Syrakus.

Er muss, gerade fünfundzwanzig Jahre alt, wie eine Supernova auf der politischen Bühne explodiert sein. Die Städte, die nicht mit Syrakus verbunden waren, unterwarf er oder machte sie dem Erdboden gleich. Ortigia, die Insel, den ältesten Teil von Syrakus, baute er zu einem einzigen, stark befestigten Palast aus. Er umzog die Neustadt mit einer siebenundzwanzig Kilometer langen Mauer, einem wahnwitzig gigantischen Bauwerk. In harten Kämpfen drängte er die Karthager, die zu Beginn des 5. Jahrhunderts v. Chr. fast ganz Sizilien besetzt hielten, in den Westen ab. Wer sich bis zu seinem Tod Kalabrien und Teile des Balkans einverleibt hatte und wessen Macht sich nur noch mit der des Perserkönigs messen ließ, muss ein total abgefeimter, machtbesessener, brutalistischer Mensch gewesen sein. Doch sagen ihm seine Biografen auch Zartheit nach, ein künstlerisches Seelenleben. Angeblich liebte er das Theater und ließ eine *cavea* bauen, Vorläufer des dann unter Hieron II. um 220 v. Chr. vollendeten großen, 15000 Personen fassenden Griechischen Theaters. Angeblich bewunderte er Euripides so sehr, dass er die Schreibtafeln, die Schreibgeräte und die Zither aufkaufte, die der Tragödiendichter benutzt hatte. In einem »Tempel der Musen« in Ortigia legte er diese Gaben in einen eigens dafür gefertigten Schrein, den er in den Ruhepausen zwischen Feldzügen aufsuchte.

Weiß Giuseppe Monteleone, der gerade an einer Schnur einen Korb hochzieht, in den ihm eine Nachbarin einen Laib blondes Brot und eine Flasche Milch gelegt hat, dass er Dionysios I., zumindest in meiner Vorstellung, sehr ähnlich sieht? Beim nächsten Plausch werde ich ihn fragen, ob es stimmt, was ein Syrakusaner einst zu seinem Herrscher gesagt haben soll: »Oh, Dionysios, die Tyrannis ist doch ein schönes Sterbekleid.«

Wie sein Vorgänger, der misstrauische und grausame Hieron, der aus seinem Hof das bedeutendste literarische Zentrum seiner Zeit gemacht hatte – Pindar, Simonides und Aischylos waren Dauergäste –, so war auch Dionysios I., ein Mann niedriger Geburt und ohne große moralische Maßstäbe, der Literatur und ganz besonders dem Drama verfallen. Angeblich schrieb er auch selbst ohne Unterlass Tragödien und Gedichte, denen die Anerkennung versagt blieb. Die Gründe dafür lassen sich nicht nachprüfen, weil alle seine Schriften verschollen sind. Ein gewisser Philoxenus wurde in die Steinbrüche gesperrt, weil er sich geweigert hatte, den Dichtungen des Tyrannen Beifall zu zollen. Nach Verbüßung der Haft wurde er erneut zum Hof geladen und sollte dort zu einer neuen Hervorbringung des Herrschers seine Meinung äußern. Der Überlieferung nach winkte er einen Mann aus der Garde herbei und rief: »Zurück mit mir in die Latomien!« Dionysios I. fand Gefallen an dieser Schlagfertigkeit, Philoxenus wurde verziehen.

Auf den Athener Festivals ging Dionysios I. meist leer aus. Manchmal gewann er den dritten, selten den zweiten Preis. Das Siegespodest zu erklimmen blieb ihm versagt. »Für den mächtigsten Herrscher Griechenlands, für einen Tyrannen, dessen Macht nicht geringer war als die des Großkönigs der Perser«, schreibt Vincent Cronin, »kam dies einer sengenden Erniedrigung gleich.« Und dann, der Tyrann war schon arg betagt, erhielt er für seine Tragödie *Der Freikauf Hektors* auf einem der kleineren Athener Festivals den ersten Preis.

Dionysios taumelte vor Glück, dekretierte einen öffentlichen Feiertag und spendierte dem ganzen Volk von Syrakus Essen und Wein. Am Kopfende eines monumentalen Banketts feierte der Tyrann selbst bis in die Morgendämmerung hinein. Der lebenslange Ehrgeiz, nicht nur im Leben, sondern auch auf der Bühne zu glänzen, hatte sich erfüllt. So unbeherrscht aß und trank er, dass ein Schlaganfall ihn in der ersten Morgenstunde hinwegraffte.

5.

Beim Barbier in der Via Roma. Farblose Büschel von dünnen Haaren fallen um mich herum zu Boden. Salvatore Sparatore klappert freundlich mit der Schere. Als ich eintrat, sagte ich: *»Barba e capelli, per favore, ma non troppo corto!«* Aber hält er sich jetzt daran?

Der Besuch eines Friseurladens in einer fremden Stadt ist ein schneller, einfacher und probater Zugang zu dieser. Ich habe das schon immer praktiziert. Am schönsten war das Ergebnis in Havanna. Der Friseur war gesprächig, erklärte mir in einer Viertelstunde das Fidel'sche System und nutzte am Ende der Prozedur eine grüne Pomade, die einen rosafarbenen Schimmer auf dem Scheitel hinterließ. Sparatore ist weniger gesprächig. Aber Kunden schauen herein, machen einen Termin aus oder lassen sich auf einen Stuhl fallen. Dann lassen sie sich über die Müllabfuhr aus, den inkompetenten neuen Bürgermeister oder die Lautstärke des Konzerts gestern Abend auf dem Platz vor dem Castello Maniace.

Früher wurde in den *saloni* der italienischen Haarschneider zur Aufheiterung der Kunden Musik gemacht, eine uralte Tradition. Die kleinen Kapellen, meist Gitarre, Tambur und Piccoloflöte, manchmal auch Mandoline und Mundharmonika, zogen von Salon zu Salon. Irgendwann verlor sich dieser Brauch, und die Barbiere gingen dazu über, für ihre treuesten Kunden kleine Kalender im Taschenformat drucken zu lassen, die zum Jahresende übergeben wurden. »*Omaggio Alla Gentile Clientele*«, stand auf dem Innentitel, dann folgten die Monate, ein jeder mit einem meist anzüglichen Bild. Das konnten junge Damen in Hotpants auf einer Vespa sein, biblische Szenen (Susanna im Bade) oder auch Gina Lollobrigida mit splendidem Dekolleté.

Aber Salvatore Sparatore braucht das alles nicht. Der Laden selbst ist die Attraktion. Reinstes sizilianisches Art déco, unverändert seit 1928. In den sich gegenüberstehenden, schon halb erblindeten Spiegel mit ihren endlosen Vervielfältigungen hängen schwere, aus Holz geschnitzte, gelb angemalte Pfirsiche – oder sind es Quitten? – an langen, matten hellgrünen Zweigen.

»*La barba*«, ruft mir Sparatore nun aufmunternd zu, und in der Tat läutet sein Ausruf den besten Teil der Behandlung ein. Liebevoll werden meine Drei-Tage-Stoppeln eingeschäumt und mit dem Rasierpinsel schwungvoll betupft. Dann blitzt das Messer, an einem Lederriemen noch einmal in den Zustand makelloser Schärfe versetzt. Es krischt über die Haut, die er, Salvatore, an manchen Stellen mit Zeigefinger und Daumen spannt, dann ein lauwarmer Waschlappen, der die Schaumreste tilgt, schließlich ein Betupfen mit der köstlichen *Pro Raso*-Salbe, die so heftig nach Eukalyptus und Menthol duftet, dass ich mich in einen Zustand erfrischter Wonne versetzt fühle. Verwirrt und glücklich erblicke ich mich im Spiegel und wünsche Signor Sparatore *una buona giornata!*

6.

Was braucht es zu einem Glücksgefühl?, frage ich mich beim Abschiednehmen von meinem Barbier. Offenbar nur wenig, aber ist es wirklich Glück, ist es nicht nur ein kleines, köstliches Schweben, eine kurze Heiterkeit, ein Duft, der belebt? Ich meine, zum »wirklichen« Glücksgefühl gehört auch die Geschichte eines langen Suchens, eines genauen Schauens, des Endlich-Findens und des Endlich-Habens. Diese Geschichte von der Suche verblasst über die Jahre, und so wie sie verblasst, beginnt auch das Glück zu bleichen. War das Gefühl von Glück, wenn ich in den ersten Wochen nach Erwerb der Wohnung morgens auf die Terrasse trat und das Ionische Meer erblickte, nicht stärker als heute, fast jäh, fast gewaltig, und heute nur noch verinnerlicht und fast schon flach geworden? Es ist verrückt, aber auch nach mehr als sieben Jahren gibt es noch solch ein Innehalten, wenn ich des Meeres ansichtig werde. Es bewegt sich etwas in mir, tief innen, und es weitet meine Sinne, meinen Atem. Ist diese Bewegung, frage ich mich, nicht das Glücksgefühl, das ich meine?

Stundenlang und von Tag zu Tag kann ich auf das Meer schauen, seine Farben, seine bewegte Fläche. Im Herbst ist diese Fläche oft taubengrau. Ortigia ist die Wachtelinsel, das Meer ist also wachtelgrau. Später nichts als ein dicker blauer Strich, der schon das kalte, dunkle Halblicht ankündigt, das der Mond auf die Dünung schüttet. Nur im Sommer ist das Meer blau oder grün: Tiefblau, tiefes Blau, rabiates Blau, schroffes Blau oder in der Nähe des Ufers karibikgrün, giftgrün wie Glas, wie Waldmeistergelee. Ein Windzug schafft eine glatte Bahn im aufgerauten Wasser. Dann verliert das Grün seinen Schimmer, wird glanzlos, »die Brust eines toten Pfaus«, wie Giorgios Seferis in seinem herrlichen Gedicht *Der König von Arsine* es beschrieben hat. Oft kommt am Abend, bevor die Sonne hinter den Hybläischen Bergen verschwindet, eine Brise auf, kaum merklich, ein Lufthauch, der zunächst das Wasser kräuselt, das sein Licht verliert, perlgrau wird, aschgrau, wachtelgrau, und dann nach Indigo zu suchen beginnt. Nur selten, nach starkem tagelangem Regen, drücken die Flüsschen Ciane und Anapo, angeschwollen zu reißenden Gewässern, ihren Schlamm in den Großen Hafen, mit solcher Kraft, dass sich vor Plemmirio ein riesiges braungrünes Tuch ausbreitet und erst nach Tagen mit dem salzigen Blau so vermischt, dass das Meer wieder seine Farbe findet.

7.

Fragen sich Menschen, die von Wasser umringt sind, mit größerem Nachdruck oder mit größerer Neugierde, wer sie sind? Und zu wem oder zu was sie gehören? Ich glaube, sie tun das nicht. Sonst wären ja alle Insulaner, alle Kapitäne und Schiffsleute und Fischer Metaphysiker. Ich kenne Inselbewohner, die eher zu fliehen geneigt sind, die ihre Insel mit ihren Beschränkungen gerne hinter sich ließen, während es die wiederkehrende Fantasie eines »Festländers« sein mag, auf einer Insel Zuflucht und Abgeschlossenheit zu suchen.

Ganz offenbar gibt es im Inseldasein etwas, das uns anzieht, aber auch zu ängstigen vermag. Hat es damit zu tun, dass das Schöne und das Schreckliche, wie einige Dichter behaupten, den gleichen Ursprung haben, vom gleichen Ursprung kommen, vom Meer? Ortigia ist noch ein Sonderfall, da diese Insel mittels zweier Brücken mit einer sehr viel größeren Insel verbunden ist. Es ist also, wenn man so will, eine Inselheit hoch zwei!

Schriftsteller scheinen für die Anziehungskraft von Inseln ein besonderes Sensorium zu besitzen. Das beginnt mit Thomas Morus, der sich sein *Utopia* nur auf einer Insel vorstellen konnte. Unzählige Autoren folgten, von Daniel Defoe bis Adolfo Bioy Casares. Und auch die Literaten, die Sizilien besuchten, sind Legion: Von D. H. Lawrence bis Ezra Pound, von Johann Gottfried Seume bis Eugen Gottlob Winkler und Peter O. Chotjewitz, von Guy de Maupassant bis André Gide, von Rabindranath Tagore bis Sigmund Freud. Raymond Roussel dämmerte in seinem Zimmer im Grand Hotel et Des Palmes in Palermo vor sich hin. Fast genau hundert Jahre früher starb August von Platen in den Armen des Dieners des Barons Landolina in Syrakus. Wenn ich in dem kleinen Café an der Fonte Aretusa sitze und den unaufhörlichen Bewegungen der Schiffe im Großen Hafen folge, denke ich an diesen unglücklichen Dichter aus Ansbach, der hier bekannter ist als in Deutschland. Eine der großen Straßen, die am Archäologischen Museum vorbeiführen, ist nach ihm benannt. Via Augusto von Platen. Er musste die Insel nicht mehr verlassen.

8.

Baron Lucio Tasca di Lignari hat einen Stadtpalast, ein großes Weingut, eine Jacht, eine bedeutende Autografensammlung und drei Jagdhunde. Aber er liebt einfache Kneipen. Ich sitze mit ihm in der Pizzeria Pepe Bianco auf der Piazza del Precursore.

»Ich weiß«, sagt er, »warum du diese Mauer für die schönste der Welt hältst.« Es geht in unserem Gespräch um die Außenwand des Doms, aus der vier dorische Säulen auf die Piazza Minerva hinausschwellen. Von acht weiteren Säulen des Athena-Tempels sind die Kapitelle in einiger Höhe sichtbar. »Vor dieser Mauer«, sagt der Baron, »und sonst vielleicht nur noch im Innern des Doms spürst du am genauesten die Geschichte von Syrakus. Es war 1600 Jahre lang eine der führenden Städte Siziliens und für einen Teil dieser Zeit eine der führenden Städte der Welt.« Er schiebt sich ein Stück Pizza Diavolo in den Mund. »Nur wenige Städte in der Antike wurden für die Schönheit ihrer Lage, ihrer Gebäude, ihrer Kunstwerke so gepriesen wie Syrakus, wenige Städte erfuhren so viele aus Glück und Unglück gefügte Schicksalsschläge, wenige Städte konnten sich einer solchen Starbesetzung rühmen« – seine Stimme tremoliert jetzt im tiefen Register –, »Theokrit, Gelon, Archimedes, später Georgios Maniakes, noch später Caravaggio …« Es fehlt nicht viel, dass er den Namen seines Geschlechts noch hinzufügt, doch bringt er sich mit einem Schluck Wein wieder unter Kontrolle. »Wenn ich in den Dom trete und die Säulen der Athena sehe, werde ich von einem Gefühl großer Kontinuität durchschauert. Verstehst du das? Auch die Eroberung durch die Araber im Jahr 878, das Ende des antiken Syrakus und damit der Beginn des Abstiegs in die Provinzialität ändern nichts an diesem Gefühl. An diesem Durchschauertsein.«

»Aber wie geht ihr mit so viel Vergangenheit um?«, frage ich ihn. »Lastet sie nicht auf euch, zentnerschwer?«

Der Baron versucht sich an einem Bonmot: »Die wirklich großen Städte zeichnen sich durch den Makel des Untergangs aus. Er ist wie die Nachbedingung der Größe.«

Ich bleibe zunächst stumm. Dann unternehme ich noch einen Versuch: »Es geht mir um die Sizilianer, um die Leute hier in Syrakus. Wie gehen sie damit um?«

»Darüber ist viel geschrieben worden. Die Geschichte der Insel und ihre Lage zwischen Ionischem und afrikanischem Meer schüren Unsicherheit. Diese Unsicherheit liegt unserer gesamten Existenz zugrunde und macht uns unberechenbar. Die Religiosität, alle diese Prozessionen, ein gewisser Fatalismus, Phlegma und Gewalt – ich fürchte, all das zeichnet uns aus.« Er nickt bekümmert.

Die hohen Ranken der Bougainvillea, die an der rauen Fassade der Kirche San Giovanni Battista emporwächst, schwanken im Abendwind. Der Hund von Monteleone kläfft. Wir bestellen einen weiteren Grillo.

»Du hast ja viel Leonardo Sciascia gelesen«, sagt der Baron. »Dieser Sciascia liebte einen Satz von Pirandello und zitierte ihn oft: ›Sie müssen wissen, dass unsereins mit so etwas wie drei Uhrenketten im Kopf herumläuft. Die ernste, die gesittete und die verrückte.‹«

»Alle durcheinander?«

»Nein, aber die ernste Kette erlaubt uns, auf unsere wahnwitzige Geschichte zurückzuschauen und stolz zu bleiben.«

»Aber die Größe dieser Geschichte habt ihr doch selber abgewürgt. Es gibt diese Säulen, den Tempel im Dom, ein paar alte Fundamente, es gibt Reste von diesem und jenem, aber dadurch allein kann doch kein Sinn, kann doch nichts Sinnliches entstehen?«

Während ich spreche, habe ich plötzlich ein schlechtes Gewissen, als »Ausländer« so mit dem Baron zu reden. Er pariert auch gleich: »Viele von uns haben ein sehr lebendiges Gedächtnis. Es gibt Augenblicke, in denen das Erinnern zur Gegenwart wird.«

Und dann setzt der Baron noch einen drauf: »Bei uns sind Sinnlichkeit und Niedergang aufs Engste miteinander verbunden. Aber wir vermeiden es, im Bann des Vergangenen zu leben. Das käme ja einem Verlöschen gleich. Es gibt eine Leidenschaft für das Leben von heute, mag es manchmal auch trist sein.«

9.

Über das, was Tasca di Lignari gesagt hatte, musste ich noch lange nachdenken. Nicht nur über das, was er zum Wesen seiner Landsleute gesagt hatte, auch über seine Äußerungen zum Dom. Dieser griechische Monumentaltempel, immer wieder modifiziert und umgebaut, von den Byzantinern, den Arabern, den Staufern, den Normannen, den barocksüchtigen Italienern, und der von ihm beherrschte Platz, die Piazza Duomo, bilden das natürliche Zentrum der Stadt. Im Unterschied zu den anderen griechischen Städten auf Sizilien, Selinunt und Agrigent und Segesta, allesamt heute Ruinenfelder, hat sich in Syrakus das Neue über das Alte gestülpt, in aufeinanderfolgenden Schichten, die immer noch sichtbar sind, am deutlichsten eben am Dom, dem Atheneion. Manches wurde wieder freigelegt, zum Wohle des ganzen Baus. So wurde zum Beispiel erst spät, vor ein paar Jahrzehnten, eine weitere dorische Säule von der byzantinischen Zumaurerei befreit. Diese geborstene Säule, einst die Ecksäule im Eingangsbereich des Tempels, steckt nun in einem langen Futteral aus Stein: Es ist, als träte das Auge in einen hohen, engen Raum, in dem die Säule so steht, wie sie immer schon dort gestanden hat.

Der Baron hatte es ähnlich formuliert: Die Geschichte der Stadt ist symbolisiert in ihrem Dom. Dieses Monument hat alles gesehen, die Errichtung durch den Tyrannen Gelon im Jahr 480 v. Chr., um den Sieg über die Karthager zu feiern, die schamlose Plünderung durch den römischen Statthalter Verres, die Weihung zur christlichen Kirche in byzantinischer Zeit, die Entweihung und Umwandlung zur Moschee durch die Araber, den Wiederaufbau durch die Normannen und schließlich die Umhüllung mit barocker Pracht im 18. Jahrhundert.

Der Dom liegt im Herzen des Herzens der Stadt, immer noch, aber immer weniger Ort der Andacht, vor allem ein nie zur Ruhe kommendes, pulsierendes geselliges Zentrum. Tag für Tag mischen sich Einheimische und Touristen und paradieren vor den Stufen der Kirche. Vor allem die Einwohner der Neustadt kommen nach getaner Arbeit hierher, beleben den Corso und lieben und bestaunen die Sehenswürdigkeiten *ihrer* Stadt. Vielleicht sind sie allesamt Hobbyhistoriker, wie Giuseppe Monteleone, wie Gaetano Tranchino, wie mein Barbier.

10.

Als der britische Schriftsteller Lawrence Durrell 1975 den Dom von Syrakus besuchte, geriet er ins Schwärmen. »Du beginnst mit einem griechischen Tempel«, notiert er in seinem Reisebuch *Sicilian Carousel*, »bettest das Ganze in ein christliches Gebäude, dem du später eine normannische Fassade aufklebst, die von dem großen Erdbeben von 1693 zerstört wird. Unverzagt machst du weiter, schlägst eine neue Richtung ein, ersetzt die alte Fassade mit einer teuflisch anmutigen, zwischen 1728 und 1754 entstandenen barocken Komposition. Und das ganze Ding, gebeutelt wie es ist, lächelt immer noch und atmet tief und zeigt eine Kraft, als habe es ein Leonardo oder ein Michelangelo ausgeheckt.«

Rund 175 Jahre früher hat es dieser herrliche, mich immer wieder von Neuem begeisternde *Duomo* nicht geschafft, den berühmten Fußgänger Johann Gottfried Seume zu bezirzen. Im Gegenteil. Seume notiert in seinem Reisebericht 1802: »Minerva hat in ihrem Tempel der heiligen Lucilie Platz machen müssen. Man hat das Gebäude nach der gewöhnlichen Weise behandelt und aus einem sehr schönen Tempel eine ziemlich schlechte Kirche gemacht.« Aber Seume mag damit gar nicht so unrecht gehabt haben. Die schweren, sicherlich sperrigen barocken Elemente im Hauptschiff wurden erst in den 1920er-Jahren auf Geheiß der Antikenverwaltung entfernt, und erst dann, in diesem entschlackten Raum, gewann der dorische Tempel seine Würde, seine Strenge und seine Dominanz zurück.

Johann Gottfried Seume ist der Autor, der den *literati* in

Deutschland als Allererster einfällt, wenn von Syrakus die Rede ist. Einige Autoren hat er zu eigenen Erzählungen beflügelt, so Friedrich Christian Delius, der in seinem Buch *Der Spaziergang von Rostock nach Syrakus* einen Kellner in der DDR auf Seumes Spuren nach Sizilien aufbrechen lässt. Seumes *Spaziergang nach Syrakus* erlebte sofort nach seinem Erscheinen eine zweite Auflage und entwickelte sich zu einem Best- und Longseller. Nun ist das Buch ziemlich holprig geschrieben, in einer Folge von Briefen ohne große stilistische Feinheiten. Was den Leser damals faszinierte, war die physische Großtat einer solchen Wanderung von mehreren Tausend Kilometern und, mehr noch, dass Seume nicht wie Goethe oder andere Bildungsreisende seiner Zeit das Ideal der Antike suchte, nicht die Sinnlichkeit und auch nicht das »freie« Leben, sondern schonungslos die sozialen Missstände benannte, die Verkommenheit des Klerus geißelte und überhaupt einen unnachsichtigen Blick auf alles Erlebte warf. Angekommen in Syrakus, sieht er – wie später der Historiker Ferdinand Gregorovius – das immense Trümmerfeld der einstigen Megastadt, er verbringt viel Zeit in den Latomien, den »furchtbaren Gefängnissen für die Athenienser«. Der Steinbruch bei dem Kapuzinerkloster und ganz in der Nähe des Grand Hotel Villa Politi war für ihn »das größte, fürchterlichste und grässlichste« aller Gefängnisse überhaupt.

II.

Seume war nur einer von vielen Schriftstellern, die Syrakus besuchten. Los geht es mit Pindar, der um 470 v. Chr. nach Ortigia kam und hier einige Oden verfasste, darunter die *6. Olympische Ode für Hagesias von Syrakus, Sieger mit dem Maultiergespann*. Gräzisten meinen, hier habe Pindar den Geist von Syrakus am besten einzufangen gewusst. In der eigenwilligen Übersetzung von Rudolf Borchardt lesen wir:

> Ich schrieb dir auch Syrakus ins Herz,
> Die Ortygische Halle dazu,
> Wo, den gebietenden Stab in lauterer Hand,
> Hieron tiefen Sinnes die Purpursohlige
> Feiert, samt Demeter feiert

Vier Jahrhunderte später kam Cicero. Obwohl die große griechische Zeit längst vorbei war, pries er die Stadt in den höchsten Tönen. In seinen *Reden gegen Verres*, den römischen Statthalter Siziliens, der durch Erpressung und mit unmittelbarer Gewalt zahlreiche Kunstgegenstände nach Rom verbracht hatte, prangerte Cicero den Kunsträuber an und errang durch seinen Sieg in diesem Strafverfahren um 70 v. Chr. hohes öffentliches Ansehen. In dem Abschnitt über Syrakus beschreibt Cicero nicht nur akkurat »die größte und schönste aller Griechenstädte«, er listet auch die einzelnen Kunstgegenstände auf, die Verres an sich gerissen hat. Wir können uns dank Ciceros Beschreibungskunst ein genaues Bild von der Ausschmückung des Tempels der Minerva (der römische Name der Athena) machen. So befand sich in der Cella »ein herrliches Gemälde«, das die Reiterschlacht des Agathokles gegen die Karthager darstellte. Verres ließ es ablösen und nahm weitere Wandgemälde an sich. Mit eloquenter Rage ruft Cicero vor Gericht: »Verres brachte die Schmuckstücke der Jungfrau Minerva in sein Dirnenhaus; außerdem hat er siebenundzwanzig sehr schöne Gemälde aus demselben Tempel mitgenommen, darunter waren die Bildnisse der sizilischen Könige und Tyrannen.« Schließlich kommt Cicero auf die Türen des Tempels zu sprechen: »Ihr Richter, prächtigere, vollkommenere Flügeltüren hat es niemals gegeben, sorgfältig gearbeitete Darstellungen aus Elfenbein ließ er alle abnehmen. Ein sehr schönes, von Schlangen umringeltes Haupt der Gorgo riss er los.« Nicht nur der Schilderung der Raubzüge und des Porträts des Ungeheuers Verres wegen lohnt es sich, Ciceros Reden zu lesen, er entwirft auch ein genaues Bild von Struktur und Ausdehnung der Stadt und ihrer noch heute so benannten fünf Stadtteile: Tyche, Achradina, Epipolai, Neapolis und Ortigia.

Viele Engländer besuchten Syrakus. Samuel Taylor Coleridge kam 1804 aus Malta und hoffte, in Syrakus sich von seiner Opiumsucht loszusagen. Das ging gründlich schief. Auch Edward Lear schaute 1847 auf seiner Grand Tour vorbei. Ezra Pound stieg mit seinem Kollegen William Butler Yeats im Hotel Roma ab, gegenüber von meinem Barbier in der Via Roma. Abfällig über Ortigia äußerte sich Pounds Frau, die eine Postkarte von der Fonte Aretusa nach Hause schickte und die Insel »a trifle of the East« nannte, als eine Kleinigkeit aus dem Osten.

Die deutschen und österreichischen Autoren standen den englischen kaum nach. Otto Weininger kam im Sommer 1903 nach Syrakus, inmitten einer tiefen Depression, nachdem sein

Buch *Geschlecht und Charakter* in Wien bei Erscheinen nicht auf das erregte Interesse gestoßen war, das er erwartet hatte. Am 3. August schrieb er nach Wien: »Syrakus ist die eigentümlichste Gegend der Welt. Hier kann ich nur geboren werden oder sterben – leben nicht.« Er führte nicht näher aus, was er mit diesen obskuren Zeilen meinte. In einem weiteren Brief vom 19. August schilderte er eine Ruderfahrt den Anapo hinauf, »bis zur Quelle, der berühmten Cyane«, und legte ihm Blüten einer Papyrusstaude bei. Er war fasziniert von den langen, festen grünen Stielen, die an der Spitze auseinanderstieben in ein Rad aus zartem Gespinst, als explodierte ein kleiner grüner Feuerwerkskörper. Wie Seume bestieg er den Ätna. »Die imposante Schamlosigkeit« des Berges erschreckte ihn. »Ein Krater erinnert an den Hintern des Mandrill«, hält er im Notizheft fest. Noch im selben Jahr beging er Suizid in Ludwig van Beethovens Sterbehaus in Wien, dreiundzwanzig Jahre alt.

Sigmund Freud, der es abgelehnt hatte, sich für Weiningers Manuskript einzusetzen, bereiste Sizilien im Jahr 1910 und stieg, gemeinsam mit seinem Reisegefährten Sándor Ferenczi, im Hôtel des Étrangers ab. Erwähnt sei noch, unter den vielen Besuchern, Ernst Jünger, der 1977 in Syrakus Station machte, nachzulesen in seinem Tagebuch *Siebzig verweht*. Wie vor ihm Pound und Yeats besuchte er das Archäologische Museum und verweilte vor der Venus Landolina. Dass Guy de Maupassant sich in die Statue verliebte, schien ihm glaubwürdig: »Es gibt eine Beziehung der décadence und im besonderen des Jugendstils zur Archäologie.« Näher führte Jünger diese eher vage Behauptung nicht aus. Den verklemmten Erotiker berückte etwas anderes an dieser Plastik: »die Art, in der die Falten des Schleiers in die Riefung einer Muschel übergehen«.

12.

An manchen Tagen komme ich mir auf der Piazza del Precursore wie im Film, wie in einer Pasolini-Kulisse vor: Gerüche vom Café an der Ecke, Kirchenglockengeläut, Vespa-Geheul, Stimmengewirr, Motorradgeknatter und inmitten von alldem diese begnadeten Nebendarsteller! Monteleone, der bedenkenlose Pianist, spielt so herzergreifend laut auf seinem elektrischen Piano, dass älteren Damen auf der Straße die Tränen in die Augen schießen, auf dem Balkon taucht Clara auf, dem Bett entstiegen, die depressive Verkäuferin mit ihren zwei gertenschlanken Katzen, die für Ronny, Monteleones Hund, nur verächtliche Blicke übrighaben, darunter auf Straßenebene der kleine Mann mit Downsyndrom, der seine Patrouillen zieht, während auf den ramponierten Autodächern sich graue und rote Katzen rekeln.

Monteleone kommt humpelnd auf seinen kleinen Balkon. *Finita la musica?* Ich winke ihm zu. Er winkt zurück. Er hat mir einmal erzählt, dass er 1974, damals noch ein junger Polizist, der gerade von Catania nach Syrakus versetzt worden war, diese Wohnung gekauft hatte, in der er jetzt noch lebt. Nachdem seine Frau gestorben und sein Sohn nach Mailand gezogen war, blieb er allein in der Wohnung zurück und richtete in einem der verwaisten Zimmer ein veritables Musikstudio ein. Die Giudecca war ihm, obwohl damals ein ziemlich heruntergekommenes Viertel, ans Herz gewachsen. »1974«, sagt er, »war die Piazza del Precursore ganz leer, ein bisschen vergammelt und doch schön. Es gab zwei Autos, meines und den Fiat 500 von einem Bekannten. Kein Restaurant, keine Touristen.«

Sein Fazit: »*Il tempo cambia tutto.* Die Zeit verändert alles.«

»Willst du noch ein bisschen Musik?«, fragt er über den Platz hinweg zu mir empor, »Ja!«, sage ich. »Zukunftsmusik. Bitte.«

13.

Jetzt bin ich schon so lange hier, dass ich einige Dinge betrachten kann, als wären sie von mir geschrieben. Wenn ich im Caffè Minerva sitze und auf die Fassade des Hotel Roma schaue, sage ich mir, dass dieses Rosa mein Rosa ist, diese Fensterläden meine Fensterläden sind, die ich öffne, um auf mich herunterzublicken.

Nach und nach ist das Caffè Minerva mein Stammcafé geworden. Obwohl es genau genommen nur noch zur Hälfte Café ist. Die Frau des stämmigen Besitzers, eine Australierin, hat ein Faible für alte Keramik, Gläser, Vasen, Schmuck, irdene Backformen und dekoriert die Auslagen nicht mit Mandelgebäck und *Cannoli,* sondern mit zerschrammten jugendstiligen Karaffen und glasierten alten Schalen. Nähert man sich dem Café, das an der Ecke Piazza Minerva und Via Roma liegt, denkt man zunächst an ein Antiquitätengeschäft. Erst beim Eintreten wird man der schön geschwungenen, großzügigen Theke aus dunkelrotem Holz, der gewaltig blitzenden Espressomaschinen und der Glasetageren mit allen Arten von *dolci* gewahr.

Von meinem ersten Besuch an haben mich zwei Gemälde fasziniert, weil sie ungewöhnlich waren und dem Café eine weitere besondere Note gaben. Im Format sehr unterschiedlich und in verschiedenen Räumen hängend, erkannte man doch an den Verhältnissen von Farbe und Form, an dem pastosen Pinselstrich, dass sie derselbe Künstler gemalt haben musste. Das kleinere Bild hängt direkt neben der Kasse und stellt eine Person dar, die auf einem rundlichen Felsen sitzt und vor sich hin träumend in einem Buch liest. Das größere, weitaus spannendere Bild hängt im hinteren Teil und soll wohl das Café selbst darstellen. Die geschwungene Theke und der Ausschank sind deutlich erkennbar. An einem runden Tisch sitzen zwei ganz in unwirklich tiefes Grün gehaltene Gestalten, die zechen. Die eine sieht wie ein femininer Bacchus aus, nackt mit Brüsten und beträchtlichem Bauch, das Gesicht aber von klassischer »griechischer« Regelmäßigkeit. Die andere im Halbprofil, in städtischem Anzug. Unter einem blauen Fantasiegewölbe geht der Blick nach draußen. Die dorischen Säulen, die aus der Wand des Doms schwellen, schließen das Bild auf der linken Seite ab. Ein gelbes Nachmittagslicht bahnt sich vom Domplatz her den Weg und taucht das Rathaus, oder ist es der Palast des Barons, in eine schwefelgelbe Glut. Die Perspektive ist ungewöhnlich, die Farben mit ihrem satten Dreiklang von giftigem Gelb, Algengrün und tiefstem Blau sind noch ungewöhnlicher. Als ich dieses Bild zum ersten Mal sah, fühlte ich mich in eine aus surrealen Elementen bestehende Grotte versenkt, die allerdings deutliche Merkmale von Syrakus aufwies.

Die liebenswürdige Australierin, die abwechselnd mit ihrem Mann, dem schon erwähnten beleibten Sizilianer, und ihrer beider Tochter an der Kasse sitzt, ist in der Familie die an Kunst und Schönheit Interessierte. Auf meine Fragen gibt sie bereitwillig Auskunft. Ja, beide Bilder stammen vom selben Maler, von Gaetano Tranchino, der gerade neunundsiebzig Jahre alt geworden sei. Wenn ich wolle, nehme sie mich gerne mit in sein Atelier in der Via Nizza, nicht weit von hier. Sie liebe seine Bilder, die eine eigene Welt darstellten, eine Welt, die wiederum von einem ganz eigenen Zeitgefühl beherrscht sei. Sie wolle von Tranchino noch ein Bild, vielleicht sogar zwei Bilder kaufen und nehme mich, sie wiederholt das Angebot, gerne mit.

Die Handschrift der beiden Bilder ist so unverwechselbar, dass ich sie frage, ob nicht auch das gewaltige Bild in der Eingangshalle des Grand Hotel Ortigia von diesem Tranchino stamme. Das Bild, vielleicht drei mal fünf Meter, zeigt in verwitterten Bonbonfarben den Großen Hafen von Syrakus, die Porta Marina und den Lungomare Alfeo mit der langen Allee getrimmter Johannisbrotbäume. Vom Dock löst sich ein Dampfer. Aus seinem Schlot quillt eine riesige Rauchfahne aus schwarzem Stein.

»Ja«, sagt Frau Ricutto fast glücklich. »Ist es nicht ein großartiges Bild? Für mich fasst es ganz Ortigia zusammen.«

Ich kann ihr nur zustimmen. Als ich vor vielen Jahren in diesem Hotel ein Zimmer buchte und das hinter der Rezeption angebrachte Gemälde zum ersten Mal sah, hatte es mich mit einem Schlag verzaubert. Denn es hat onirische Qualitäten. Es zeigt eine mittelmeerische Welt, die es so nicht gibt, die so aber sein könnte.

Wir beschließen, am nächsten Tag den Maler in der Via Nizza aufzusuchen.

14.

Um es gleich vorwegzunehmen: Der Besuch im Atelier von Gaetano Tranchino endete mit dem Kauf eines Bildes.

Das Atelier ist im Erdgeschoss eines stattlichen barocken Hauses untergebracht, in dem Gaetano und seine Frau auch wohnen. Er empfing uns sehr freundlich und hievte ein Bild nach dem anderen auf eine der Staffeleien, von denen mehrere in dem länglichen Raum herumstanden. Nach und nach entstand die Welt des Malers. Aus unwirklichen Elementen gemacht, die wir doch zu kennen meinen: eine stürmische und eine wieder ruhige See, die Uferpromenaden Paseo und Lungomare, archäologische Fragmente, geborstene honiggelbe Säulen, riesige Dampfer, Spaziergänger, Hunde, schlanke Frauen, die zwischen runden Palmen verschwinden und wiederauftauchen. Es ist eine mir inzwischen bekannte Topografie, aber in Farben und Formen, die ich so noch nicht gesehen habe und die anderen Gesetzen von Bewegung und Stillstand zu gehorchen scheinen.

Ich sagte Tranchino, dass ich in seinen Bildern Ortigia wiedererkenne, dass es ihm gelinge, die alten Mythen von Syrakus aufzufrischen.

Wie ich das meinte, fragte er.

Es sei keine eingefrorene Welt, gab ich zur Antwort, und das sei ein Wunder. Es sei eine warme Welt, eine herzliche Welt, und sie berge einige Geheimnisse. Ich fragte ihn, ob er sich Giorgio de Chirico und seinem Bruder Alberto Savinio nahe fühle, und er bejahte das. Ganz besonders Alberto verehre er. Doch der mächtigste Mitspieler sei für ihn das Gedächtnis. Erinnerungen aus der Kindheit – der Garten und das Haus der Eltern, die Luft, die einen hellblauen Vorhang bewegt, die Spaziergänge am Lungomare, die Delfine im Himmel – hätten eine komplexe Traumwelt entstehen lassen.

Die Australierin verliebte sich in ein Bild von einem jungen Mann, der durch einen Garten streift. Er raucht, er sieht aus wie ein Dandy, er hält ein Buch in der Hand.

»Das ist ein *Viaggiatore*«, sagte Gaetano. »In meinen Bildern tauchen immer wieder Reisende auf. Auch wenn solch ein *Viaggiatore* die Insel nicht wirklich verlässt, so reist er doch durch das Leben.«

»Und die Villa im Hintergrund?«

»Sie ist eine Erinnerung an das Haus, in dem ich viele Wochenenden als Kind verbrachte. Es steht in Plemmirio, nicht weit vom Hotel Minareto, ein verwunschenes, inzwischen ganz zugewachsenes Haus. Vom Balkon im ersten Stock aus konnte man über die Einfahrt zum Porto Grande hinweg die Silhouette von Ortigia sehen.«

Auf dem Bild wirkt das Haus wie eine Spielzeugvilla, und es gibt auf den Bildern Tranchinos auch Spielzeugschiffe und Spielzeugautos, und das Meer hat Spielzeugwellen.

Das Bild, das ich gekauft habe, ist ein reines Traumbild. Es zeigt das Meer von Syrakus am Abend. Ein altmodisches, grün lackiertes Auto biegt am Lungomare um die Ecke. Aufgesetzt auf phosphoreszierende Wellen, nähert sich ein Schiff. Aber kein Schiff fährt so in einen Hafen ein. In seinen Proportionen ist es auch viel zu groß für diesen Hafen. Im Grunde stimmt in diesem Bild nichts. Die Wirklichkeit ist woanders. Wahrscheinlich der Grund, weshalb ich mich an ihm nicht sattsehen kann.

15.

An Arethusa kommt man in Siracusa nicht vorbei. Die Nymphe ziert die silbernen Dekadrachmen, die vor 2400 Jahren im Umlauf waren, zur Zeit des Tyrannen Dionysios I. Sie wird von Dichtern besungen. Wir finden sie auf Weinetiketts und Postkarten. Maklerfirmen und Cafés schmücken sich mit ihrem Namen. Der 500-Lire-Schein, den die italienische Staatsbank 1960 druckte, zeigt ihren klassisch schönen Kopf, haarscharf gestochen samt Ohrring, Haarspange und Halskette. Vier Delfine verlustieren sich mit fröhlichen Sprüngen auf der ganzen unteren Länge des *Biglietto di Stato.*

Einer der Ersten, die sie besungen haben, ist Ovid in seinen *Metamorphosen*. Kein Wunder, denn auch bei ihr geht es um Verwandlung. Diana, ihre Schutzgöttin, die bei den Griechen noch Artemis hieß, hatte sie vor dem lüsternen Angriff des Flussgottes Alpheios beschützt, indem sie eine große Wolke über sie warf und damit seinen Blicken entzog. Doch Alpheios blieb hartnäckig, sodass Diana ihre Schutzbefohlene in ein Gewässer verwandelte und unter dem Meer bis nach Syrakus sandte:

> Diana aber spaltete die Erde, ich verliere
> Mich in finsteren Höhlen und gelange
> Nach Ortygia. An diesem Ort (der mir lieb
> Ist wegen des Beinamens meiner Göttin)
> Führte sie mich wieder zur Oberwelt herauf.

Am meisten muss Ovid von der wilden Verfolgungsjagd fasziniert gewesen sein, kurz vor der Verwandlung der Nymphe in eine Quelle. Es ist, als hätte er sich beim Schreiben in Arethusa hineinversetzt. Der schönste Ovid'sche Satz lautet: »Sein heftig keuchender Atem erreichte mein Haarband.« Wenn ich heute in dem kleinen Café gegenüber der Quelle sitze, höre ich den schweren Atem des Flussgottes. Ich höre das Keuchen der weißen Pferde von Lipica, ich höre das Keuchen meines Vaters, der vom Krieg erzählt, ich höre das Keuchen von Ingrid Thulin in Ingmar Bergmans Film *Das Schweigen*, ich höre alles Keuchen und Schweigen der Welt.

16.

»Diese Münze«, sagte mir der Baron, »ist eine der schönsten der Welt. Ezra Pound war davon entzückt, und mit ihm sein Freund William Butler Yeats. Die beiden hatten große Lupen aus London mitgenommen, um die numismatische Sammlung von Syrakus in Augenschein zu nehmen.«

Wir hatten über frühe Darstellungen der Arethusa geredet, und auch hier zeigte Tasca di Lignari seine Kennerschaft. Wichtig war ihm, dass der von vier Delfinen umschwommene Kopf der Arethusa recht eigentlich der Kopf der Kore-Persephone sei. Ausschlaggebend für jede Schätzung seien Kopf- und Halsschmuck und ihre Ausbildung. Vor Kurzem habe ein Exemplar bei einer Auktion in München 50 000 Euro erzielt.

»Das Dreifache des Schätzpreises!«, rief der Baron erregt aus. Mit zwei Dingen habe das zu tun gehabt. Zum einen seien die

Ohrringe und der Kopfschmuck von größter Frische gewesen, ohne auch nur einen infinitesimalen Riss oder schwächste Gebrauchsspuren. Zum anderen habe diese Münze die Stempelschneidersignatur »EYINE« getragen. Der berühmte Münzschneider Euainetos habe sie gefertigt und sei offenbar so stolz auf das Ergebnis gewesen, dass er die Drachmen, als sie in Produktion gingen, mit seiner Signatur versah.

Es wunderte mich nicht, als Tasca di Lignari gleich hinzufügte, dass er eine »kleine, bescheidene« Münzsammlung besitze, die er mir gerne zeigen wolle. Sie sei aber nicht hier im Stadtpalast, er verwahre sie auf dem Lande, in seinem Weingut, wohin wir ohnehin einmal fahren sollten. Er habe sich dort in einem Turm ein geräumiges *studiolo* eingerichtet, mit einem Teil seiner Sammlungen: Autografen zur sizilianischen Geschichte, astronomische Instrumente und eben diese besagten Münzen.

Die verbliebenen, verblichenen Aristokraten auf Sizilien interessierten mich sehr. Die Zündschnur zu diesem Interesse hatte natürlich Don Fabrizio gelegt, der massige melancholische Fürst im *Leoparden* des Giuseppe Tomasi di Lampedusa. Nicht nur Palermo, auch Syrakus war ein Tummelplatz der Adligen. Philipp Joseph Rehfues, der 1804 gemeinsam mit Karl Friedrich Schinkel eine Sizilienreise unternommen hat, schildert sehr plastisch das aristokratische Gesellschaftsleben in Syrakus. Besonders Tommaso Gargallo, der Marchese von Castellentini, und der Baron Don Mario Landolina, der sich des sterbenden August Graf von Platen angenommen hatte und von diesem als der »gelehrteste Mann von Syrakus« gepriesen wurde, werden von Rehfues gewürdigt. Aber das Geschlecht der Tasca di Lignari taucht bei ihm nicht auf. Das machte mich umso neugieriger auf die Geschichte dieser Adelsfamilie.

»Ist es nicht merkwürdig«, sagte ich zu dem Baron, »dass ich so verliebt in Sizilien bin? Es gibt viele Dinge, die zu kritisieren sind, heute wie damals. Die Ausbeutung der Pächter im vorletzten Jahrhundert, die vom Adel, vielleicht auch von eurer Familie, verübten Ungerechtigkeiten, die unmenschlichen Arbeitsbedingungen der Bergleute in den Schwefelgruben, die Rolle der Mafia, der Müll an allen Ausfahrtsstraßen …«

Lucio Tasca di Lignari unterbrach mich: »Es gibt immer wieder Dinge, die revoltierend sind« – ja, er sagte: *revoltierend*! –, »und es gibt immer wieder Menschen, die nicht auf der Höhe der Vorstellung sind, die wir mit Sizilien verbinden, aber diese Vorstellung, diese Idee bleibt doch, was sie ist. Und es kommen andere Personen, die diese Idee wieder verkörpern.«

»Aber was genau ist denn diese ›Idee‹, von der du sprichst?«

»Es geht nicht um das Licht, die Landschaft, die heroischen Küsten, die reiche Architektur. Es geht um etwas anderes, um so etwas wie eine historische Kontinuität, die sich über ein paar Jahrtausende erstreckt. Sie ist unerhört, einzigartig, aber nicht unerklärlich. Es ist ein Weiterreichen von Formen, Schönheiten, Überzeugungen. Im Grunde trotz aller Brüche ein riesiges Recycling, das bis jetzt immer funktioniert hat. Du kannst diese Kontinuität aus den Mauern des Doms herauslesen, aber auch in der Pasta schmecken, die seit ewigen Zeiten zubereitet wird, oder auch in manchen Gesichtern, die dir in der Via Roma begegnen.«

Ich musste an Monteleone denken. Er verkörpert diese Kontinuität. Und auch Syrakus ist ein Ort der Kontinuität, ein Ort, der den Untergang, den Tod zur Kenntnis nimmt und an dem die Menschen in einer ununterbrochenen Verbindung mit denen stehen, die einmal gelebt haben.

17.

Heute Nacht hatte das Meer große Wut und bewarf die ganze Stadt mit klirrender Gischt. Ich hörte den Lärm bis in mein Zimmer hinauf. Erst am Morgen beruhigten sich die Elemente. Mir schien, als hätte der Atem der Wellen endlich zu großer Gleichmäßigkeit zurückgefunden.

»Sind wir nicht alle Fragmente?«, rief Monteleone fröhlich von seinem Balkon zu mir herauf. »Und manche passen sogar fugenlos aneinander«, fuhr er mit seiner markanten Stimme fort.

»Passen wir beide denn zusammen?«, rief ich scherzhaft zu ihm hinunter.

Ein leichter Wind bauschte seinen verschlissenen Morgenrock, magentarot mit aufgescheuertem Kragen. Es war mir völlig klar, wie er auf dieses Thema gekommen war. Seit zwei Tagen berichteten die örtlichen Gazetten und der Rundfunk vom »wiedergefundenen Kouros«. Im Archäologischen Museum von Syrakus steht ein in Lentini gefundener Jünglingstorso der griechischen Archaik, aus Marmor von Paros, also dem feinsten. Diese Statue zählt zu den Juwelen des Museums. Misslich ist nur, dass diesem Kouros der Kopf schon vor Langem abhandengekommen ist. Fast ebenso lang wird spekuliert, ob ein Kopf im Museum von Catania, die *Testa Biscari*, benannt nach dem Prinzen von Biscari, einem Archäologen, der im 18. Jahrhundert diesen Kopf in Lentini entdeckt und seiner Heimatstadt Catania vermacht hat, nicht der fehlende Kopf des Jünglings sei. Vor Kurzem wurden nun zum ersten Mal der Körper und dieser Kopf zu einem Kouros zusammengefügt. Mit dreifachem Haarkranz, ramponierter Nase und einem rätselhaften Lächeln um die Lippen steht der Kopf nun auf seinem schlanken, armlosen Rumpf. Traut man den Fotos in den Zeitungen, so lässt die raffiniert ausgeleuchtete Inszenierung keinen Zweifel, dass endlich vereint ist, was zusammengehört und nur zwei Jahrtausende getrennt war. Der Kouros wirkt menschengroß, ruhig, fast starr, und doch wird er von einer verborgenen Bewegung belebt, die in den richtigen Maßen ihren Ausgang nimmt.

»Sollten wir nicht den schönen Jüngling in Catania besuchen? Ein gemeinsamer Ausflug, Giuseppe?«

Monteleone zeigte auf seine Beine, auf die Krücke, die am Balkongitter lehnte. »Ach, ich bin nicht mehr so gut zu Fuß. Im Winter soll ja der schöne Mann nach Syrakus reisen. Wir schauen ihn uns hier an!«

»Gut. Dann überprüfen wir hier, ob die Operation am Hals gelungen ist.«

»Und ob sein Lächeln immer noch sein Lächeln ist.«

Bei diesen Worten von Monteleone musste ich an die Koren aus gebranntem Ton hier im Museum Paolo Orsi denken. Sie alle zeigen dieses geheimnisvolle Lächeln, ironisch und wollüstig, zugleich auch mit sich selbst zufrieden. In meinem Tagebuch hatte ich es »Das Lächeln von Syrakus« genannt.

18.

»Und was treibst du eigentlich?«, fragte mich Gaetano, als ich ihn wieder einmal in seinem staubigen, vollgestopften Atelier in der Via Nizza besuchte.

»Ich schreibe Gedichte«, sagte ich, »gerade versuche ich, Gedichte über Syrakus zu schreiben.«

»Wie gut du es hast, dir solche Wortbehausungen bauen zu können!«

»Das ist schön gesagt, Häuser aus Worten. Aber tust du nicht das Gleiche? Baust dir eine Welt aus Formen und Farben?«

»Ach, ich fürchte, ich habe mein Universum erschöpft. Es ist zu privat. Ich möchte mehr über Sizilien aussagen, nicht nur über meine Träume, meine Sehnsüchte« – er machte eine kunstvolle Pause – »und Enttäuschungen.«

Ich schwieg.

»Ist den Sizilianern aus deiner Sicht eine Grundstimmung eigen?«, fuhr er fort und gab sich auch gleich die Antwort darauf: »Es gibt da etwas Ernstes. Man könnte sogar sagen: Unfröhliches. Selbst die wenigen fröhlichen Ausbrüche sind dunkel getönt.«

»In deinen Bildern ist das aber eine Seltenheit. Vielleicht der pechschwarze Dampfer auf den glasgrünen Wellen? Oder der Rauch, der aussieht, als wäre er aus dunklem Stein?«

»Mein Freund, der Fotograf Ferdinando Scianna, hat immer gesagt, ich könne keinen Rauch malen. Ich solle es besser lassen. Meine Bilder sähen, wenn ein gewaltiger Brocken Granit sich aus dem Schlot zwängt, wie ein Magritte aus.«

»Monsieur Magritte«, murmele ich. »Deine Bilder haben den Ernst der Träume. Der Ernst der Sizilianer ist ihnen fremd.«

Und »Gott sei Dank« fügte ich bei mir hinzu. *Grazie a Dio.*

19.

Ortigia ist eine steinerne Stadt. Anfällig für Sonnenlicht. Am Morgen weiß, nachmittags gelb, am Abend zimtfarben. Weil sie aus Stein ist, keine Erde, kein Gras, gibt es kaum Insekten, und die wenigen werden an Wänden von Eidechsen und in der Luft von pfeilschnellen Mauerseglern geschnappt. Ich habe die Palmen von Ortigia gezählt. Vier ordentliche Dattelpalmen stehen auf dem kleinen Platz gegenüber dem Palazzo Bellomo und werfen scharf gestochene, gefiederte Schatten auf eine blassrosa abblätternde Wand. Zwei hochgewachsene Palmen mit vielen herabhängenden, vertrockneten Wedeln ragen aus dem offenen gotischen Schiff der San Giovanni Battista direkt neben meiner Wohnung. Auf Weisung des Priesters werden die Palmen gestutzt, doch in großen Abständen von zwei, drei Jahren. Auf dem Gelände des Apollo-Tempels ganz in der Nähe des Marktes gibt es einen Cluster von fünf oder sechs Palmen. Im Innenhof des Papyrus-Museums wiegt sich neben einer robusten Dattelpalme eine gertenschlanke, vielleicht fünfundzwanzig Meter hohe Fächerpalme. Die Piazza Pancali wird von je vier kolossal hohen Königspalmen auf beiden Seiten gesäumt, und am Porto Piccolo sind acht Palmen neu gepflanzt worden, auf dem Weg zur Bar des Restaurants Area M. Dreißig Palmen habe ich gezählt.

Am schmerzlichsten vermisse ich ein Paar prächtige Dattelpalmen, die im Garten des erzbischöflichen Palastes am Domplatz standen und auf älteren Fotografien zu bewundern sind. Sie bahnten sich ihren Weg aus einem Dickicht aus Oleanderbüschen und Zitronenbäumen empor in den Himmel und gaben dem ganzen Platz ein flirrendes, orientalisches Flair. Angeblich wurden sie vom roten Palmrüssler, einem sich unheimlich schnell vermehrenden Schädling, innen ausgehöhlt und hinweggerafft. Lange Zeit hoffte ich, dass der Erzbischof, mit Sicherheit ein begüterter Mann, diese Palmen ersetzen würde. Angeblich belaufen sich die Kosten einer ausgewachsenen, zwanzig Jahre alten Palme inzwischen auf mehr als 4000 Euro, aber für die immer noch reiche Kirche auf Sizilien ist das doch eine Kleinigkeit, ein Klacks. Manchmal denke ich, es müsste eine Unterschriftenaktion gestartet werden, ein kleines Volksbegehren, doch niemand scheint sich aus dem Verlust der beiden Palmen etwas zu machen. Signor Sparatore zuckt scherenklappernd mit den Schultern.

20.

Ich will noch einmal zu den Katakomben von San Giovanni. Die Kirche aus dem 6. Jahrhundert, die früheste von ganz Syrakus, wurde über der Krypta und der unterirdischen Gräberstadt errichtet. Ich hatte die Katakomben bald nach meiner ersten Ankunft in Syrakus besucht, später hatten sich aber die Eindrücke der ungleich dramatischeren Katakomben von Palermo darübergelegt.

Dort wandelt man zwischen Hunderten, ja Tausenden von einbalsamierten Leichen, geordnet nach Alter, Geschlecht, Ständen, und ist erstaunt, dass so viel zerfallende biologische Materie noch so viel »Haltung«, so viel »menschlichen Ausdruck« bewahren kann. Damals in Palermo musste ich, zwischen den Mumifizierten wandernd, merkwürdigerweise an das Teatro dei Pupi, das berühmte sizilianische Puppentheater, denken. Sind diese Leichen in ihrer eingefrorenen, ganz und gar unnatürlichen Gestik nicht die Marionetten des Totenreiches? Sie spielen nicht die Episoden aus dem *Orlando furioso*, dem rasenden Roland, vielleicht aber die *Metamorphosen* von Ovid? Von Staub zu noch mehr Staub?

In Syrakus, bei San Giovanni, ist das ganz anders, wie ich mich jetzt überzeuge. Es gibt keine Mumien, keine Leichname. Alle weggeräumt. Breite, unterirdische Straßen führen über aus dem Fels gehauene Kreuzungen. Die Großzügigkeit der Anlagen erklärt sich daraus, so die Führerin, dass ab dem Jahr 313 die christlichen Beerdigungen nicht mehr geheim gehalten werden mussten und sich die Katakomben in der Folgezeit zu einem »normalen« Friedhof unter der Erde entwickelten, mit Einzelgräbern und Familiengrüften, die immer häufiger mit Ornamenten und Inschriften versehen wurden. Diese Inschriften waren fast alle in Griechisch in den Stein gemeißelt. Insgesamt bezeugt die leere und weitverzweigte Anlage die Größe und den Reichtum der frühen christlichen Gemeinde in Syrakus.

Ich möchte der Führerin, einer jungen, drahtigen Person, die gut Englisch spricht, noch einige Fragen stellen, zu den Totenkulten, zu den Inschriften, zur Anlage der Grabkammern, aber sie tut hastig, als hätte sie keine Zeit und als warteten schon die nächsten Touristen auf sie. Ich will ihr noch ein Trinkgeld geben, das lehnt sie schroff ab.

21.

Heute hat die Katze eine winzige Eidechse auf der Terrasse erlegt. Offenbar das Genick gebrochen, dann in den Bauch gebissen. Seitlich, vor dem rechten Hinterbein, ist etwas Gedärm ausgetreten. Herausgeschnellt ist auch das Rückgrat, soweit es sich im Schwanz fortsetzte. Eine sehr schöne Zeichnung der Schuppenhaut, mattgrün mit einem unregelmäßig schwarzweiß gemusterten Seitenstreifen. Der zierliche Kopf ist völlig unversehrt, kleine, lidlose schwarze Kugelaugen.

Betrauern Eidechseneltern ihr totes Kind? Ich betrachte lange den schmalen Kadaver und werfe ihn dann in die Kloschüssel.

22.

Es ist schon spät im Jahr. Der 13. Dezember, früher Abend. Auf der Piazza Pancali stehen ungewöhnlich viele Menschen herum. Ich lasse mich in einer großen Menge zur Brücke treiben. Die Stimmung ist festlich, Erwartung liegt in der Luft. Die Prozession zu Ehren der heiligen Lucia, der Schutzpatronin der Stadt, soll gleich hier eintreffen. Vor drei Stunden sei sie von der Basilika in der Neustadt losgezogen, sagt ein junger Mann neben mir, nun sei sie am unteren Ende des Corso Umberto und werde gleich über die Brücke kommen, den Dom als Fernziel. Der Zug scheint enorme Verspätung zu haben. Vierzig Männer tragen die gleißende, von Silber überschüttete Lucia auf ihrem goldenen Tabernakel, der auf einem riesigen Holzgestell fixiert ist, das *vara* genannt wird. Man muss sich um diese Trägerschaft bewerben und einen guten Leumund haben. Früher, so wird gesagt, mussten die jungen Männer auch noch einen Eid ablegen, ihr Leben von nun an im Sinne der heiligen Lucia zu führen.

Jetzt, gegen einundzwanzig Uhr, trifft die Prozession auf der Brücke ein, die nach Ortigia führt. Plötzlich laute Böllerschüsse, Gelichter am Himmel, stiebende Sterne: der Beginn eines prächtigen Feuerwerks, gezündet zu ihren Ehren. Viele Menschen in dem langen Prozessionszug, Frauen, Männer, Junge, Greise, tragen sehr dicke, riesige Kerzen. Ich hielt sie in dem Dämmerlicht zunächst für Pfähle oder Stämme junger Bäume. Die Kerzen sind fast so groß wie ihre Träger, und diese Träger laufen barfuß, einige weniger Beherzte haben ihre Füße in Socken gesteckt. Das Pflaster muss jetzt am Abend schon kalt sein. Aber das Feuerwerk ist so schön, dass es die Kasteiung der Gläubigen lindert. *Giochi di fuochi*. Die Feuerspiele für die heilige Lucia, mit gewaltigen Lichtgarben, die lange im schwarzen Himmel verharren und dann langsam, sehr langsam sich zur Erde neigen und verglühen. Immer neue Feuerkreise und Lichtgirlanden verhindern ein Verlöschen der Welt. Donnernde und doch sehr luftige, blitzende Schöpfungen, die einen kurz erblinden lassen.

Wir gehen immer weiter, in Gruppen, in großen Menschentrauben. Es wird enger und enger, und in der Nähe der Piazza Duomo ist kaum noch ein Vorwärtskommen. Die Menschen bilden jetzt eine undurchlässige Mauer. Ich spüre: Alle warten auf ein Wunder. Als endlich, gegen dreiundzwanzig Uhr, Lucia vor dem Portal des Doms eintrifft, wird sie einmal um die eigene Achse gedreht – was für ein großartiger Regieeinfall! – und schaut nun mit ihrem Silberdolch tief im Hals auf die große Menge unter ihr, während sie rückwärts in dem Artemis-Tempel verschwindet.

Die Menge, gerade noch atemlos, lässt nun die schwarze Nacht herein. Sie löst sich auf, in Gruppen und Grüppchen sickert sie in die Straßen rund um den Dom, Roma, Cavour, Minerva, Logoteta, ein wenig erschöpft von all den blitzenden Aufregungen und zugleich beruhigt, die Heilige nun endlich ganz allein in dem großen, stillen Dom zu wissen.

Auf meinem Nachhauseweg komme ich am Caffè Minerva vorbei. Es hat noch geöffnet. Ich gönne mir einen *caffè*, einen *amaretto* und einen *baci*. Der Spruch, eingewickelt zwischen Stanniolpapier und Schokolade, lautet: »Die frischesten Lippen geben den wärmsten Kuss.« Angeblich von Seneca.

23.

Santa Lucia beschäftigt mich auch in den nächsten Tagen. Aus einem Buch zur frühen Stadtgeschichte erfahre ich, dass sie am 13. Dezember 304 hingerichtet wurde, während der Christenverfolgungen unter dem römischen Kaiser Diokletian. Eine frühe Märtyrerin, die rasch sehr berühmt wurde. In den zahllosen Darstellungen, die es von ihr gibt, hat sie entweder einen spitzen Dolch in der Kehle, oder sie trägt auf einem kleinen Tablett ihr Augenpaar. Hier die beiden am weitesten verbreiteten Versionen, wie sie zu Tode kam: erstochen und anschließend geköpft oder geblendet und anschließend geköpft.

Lange Zeit wurde ihr Leichnam in Syrakus aufbewahrt, in der Basilika, die ihren Namen trägt. In einem oktogonalen Gebetsraum unterhalb der Bodenebene kann man immer noch die Aushöhlung im Felsen, die erste Grabstätte der Heiligen, sehen. Im Jahr 1039 brachte Maniakes, ein byzantinischer General, ihre Überreste nach Konstantinopel. Venezianer holten sie dann in die Serenissima und bestatteten sie in der Kirche San Geremia, wo sie bis heute ruht. Ein einziges Mal wurde sie nach Syrakus »ausgeliehen«, für eine Woche im Dezember 2004, also 1700 Jahre nach ihrer Hinrichtung. Ganz Syrakus, berichten die alten Gazetten, war von einem Freudentaumel erfasst.

Die Prozession zu Ehren ihrer Heiligen ist den Syrakusanern wichtiger als Weihnachten. *Natale*, das sind rote Adventssterne und rote Unterwäsche und das vom Juwelier Massimo Izzo tiefrot angestrahlte gotische Stammhaus an der Piazza Archimede. Aber wirklichen Taumel, Feuerspiele, gleißende Andacht und tiefe Verzückung – all das kann nur die heilige Lucia herbeizaubern.

24.

Ab und an brauche ich einen Inselwechsel. Ortigia wird mir zu klein, und ich setze auf das »Festland« über. Vom Bahnhof von Syrakus zur Station Bar sind es 230 Schritte, rund hundert Meter. Wer sie zurücklegt, bewegt sich durch die Zeit: von 1871, als der Bahnhof Richtfest feierte, zu den 1980er-Jahren, als die Gastronomie nach außen verlegt wurde, auch die Gepäckaufbewahrung, und die Station Bar für die Übernahme dieser Funktionen geschaffen wurde. Das Innere der Bar ist nicht gerade heimelig. Ein paar viereckige Metalltische, kunststoffumflochtene Stühle, zerschrammte schwarz-weiße Fußbodenfliesen. Der jetzige Pächter scheint für Dekoration nichts übrigzuhaben und auch nichts zu wissen von dem Hunger nach zwischenmenschlicher Wärme, geschweige denn nach lukullischer Wärme. Ich habe nicht herausfinden können, ob diese Kneipe von Anfang an so hieß oder ob ihr im Zuge einer verwegenen US-Wave erst später dieser Name verpasst wurde. Nachts prangt auf der Fassade über den schmuddeligen Sonnenschirmen, die nie weggefaltet werden, auf einer grünen Fläche von der Größe einer Pingpongplatte in weißen Neonbuchstaben »STATION BAR« und darunter: »PASTICCERIA, ROSTICCERIA, GASTRONOMIA, PANINERIA«, als hätte sich der Betreiber mit einer oder auch nur zwei Bezeichnungen nicht zufriedengeben können. Und links davon gibt es noch eine blaue Tafel, auf der für die müden Reisenden in gelben Großbuchstaben steht: »DEPOSITO BAGAGLI«, darunter in tadelloser englischer Übersetzung: »BAGGAGE ROOM«.

Sollte ich je in die Lage kommen, einen Spielfilm zu drehen, so würde ich die Eingangsszene ohne alles Zögern in diesem herrlichen Provinzbahnhof spielen lassen, und der finale Mord müsste in der Station Bar begangen werden. Dieser Bahnhof ist anmutig, zweistöckig, hat eine honiggelbe Fassade mit weiß eingefassten Rundbogenfenstern, und über dem Bahnsteig *uno* wölbt sich ein Schutzdach, das auf schlanken, gusseisernen Säulen steht. Unter diesem Dach hält einmal am Tag, am sehr späten Nachmittag, der *treno notte*, ein eleganter schwarzer Zug, der angeblich von Agrigent über Syrakus, Catania und Messina den ganzen Stiefel hinaufkraxelt bis nach – unglaublich! – Mailand. Fahrtdauer: 22 Stunden, so heißt es.

Als ich das erste Mal hier einen Zug nahm, einen gewöhnlichen Regionalzug nach Catania, fiel mir eine Tafel aus hellem Marmor auf, die zwischen zweien der drei Eingangsportale angebracht ist. Die Stifter dieser Tafel nennen sich zunächst einmal selbst: die Staatliche Eisenbahngesellschaft und die Kommune von Syrakus. Angebracht wurde sie, wenn wir weiterlesen, zu Ehren von »Sebastiano Vittorini, 1883–1972, dem Literaten und Eisenbahner, der Vorsteher *[capostazione]* dieses Gebäudes war«. Und dann kommen zwei eher kryptische Schlusszeilen: *»Dove lo scrittore Elio incontro Rosa Quasimodo«* – »in dem sich der Schriftsteller Elio und Rosa Quasimodo begegnet sind«. Ein Autor, der in einem öffentlichen Raum nur mit seinem Vornamen genannt wird, muss sehr bekannt sein, und einen berühmteren hat Syrakus im 20. Jahrhundert auch nicht hervorgebracht: Elio Vittorini, Sohn des Vorstehers, Autor des Klassikers *Gespräch in Sizilien*, Lektor, Publizist und eine umtriebige Figur der italienischen Linken. Und Rosa Quasimodo, auch sie Kind eines Eisenbahners, war die Schwester des Dichters Salvatore Quasimodo, der 1959 als zweiter Sizilianer nach Luigi Pirandello den Literaturnobelpreis erhielt. So birgt diese Tafel eine veritable Liebesgeschichte, die nur Eingeweihte ganz erfassen können. Andreas Rossmann, der Sizilien-Kenner, hat bei seinen Recherchen in den 1984 erschienenen Erinnerungen von Rosa Quasimodo die folgende Passage gefunden: »An einem Abend im August erwartete er mich wie verabredet am Fenster seines Zimmers, und ich lief barfuß über das ganze Bahnhofsdach und stieg zu ihm in die Wohnung.« Die beiden heirateten 1927, die Ehe sollte zwölf Jahre halten.

Am liebsten bin ich in der Weihnachtszeit in der Station Bar.

Wenn ich von einem der schmierigen Fenster zum Bahnhof hinüberschaue, muss ich an Elio und Rosa denken. Zum Jahresende hin ist mehr Betrieb als sonst, und der tumbe Wirt hat sogar ein paar rote Mützen an die Wand genagelt. Die Kundschaft besteht aus ein, zwei Busfahrern, die gerade Pause haben, aus Passagieren, die auf den nächsten Zug nach Augusta oder Lentini warten, irgendwelchen verhärmten Angestellten aus den umliegenden Büros und einigen Prostituierten, die in Glitzerflipflops aus dem kleinen Hotel in der Viale Ermocrate herüberkommen, um sich zwischen zwei Nummern ein Glas zu gönnen. Diese Damen haben, wie mein alter Barbier sagen würde, »die volle Blüte der Weiblichkeit« längst hinter sich gelassen. Die Blütenblätter um Augen und Mund sind stark gekräuselt. Nun schneit auch noch eine Afrikanerin herein. »Wohin, woher?«, summe ich vor mich hin. »Aus Mali«, sagt sie mir. Sie spricht sehr gut Französisch. Sie klopft mit ihren dicken Ringen an ihr Glas und sagt: *»C'est l'amour qui frappe.«*

Dann, in die Stille hinein: »Adeline«, das sei ihr Name.

25.

Ein anderer Anlaufpunkt auf dem »Festland« ist das Fischrestaurant Onda Blu, ein dritter die Buchhandlung Zaratan, benannt nach einer vorsintflutlichen grandiosen Meeresschildkröte und gegründet von dem Verlag Ventidue. Er vertrieb auf dem Corso Umberto I zunächst die eigenen Produkte, Postkarten, Leerhefte, vor allem Bücher, die sich mit lokalen Besonderheiten befassten und ästhetisch sehr sorgfältig und mit großem Sinn für Schönheit hergestellt waren. Aber bald war der Verleger die täglichen Geschäfte leid und wollte sich wieder ganz auf das Verlegen konzentrieren. Es traf sich gut, dass seine Schwester Maria Vittoria Trovato, eine Fotografin, gerade aus Berlin zurückgekommen war. Sie hatte Lust, den Laden zu übernehmen. Mit ihrem Freund, einem der neuen Musik zugewandten Geiger, erweiterte sie das Sortiment und machte in kurzer Zeit aus Zaratan die spannendste Buchhandlung der Stadt. Nun konnte man neben der gängigen Ware auch abstruse Lyrikbände, verspielte Kinderbücher, eigensinnige Abhandlungen über Auberginen und Zitrusfrüchte, überhaupt seltsame Bücher von italienischen Kleinstverlagen und zudem von obskuren Handwerkern in Turin gepresste Vinylschallplatten finden.

Dort entdeckte ich vor Kurzem ein schmales Buch mit dem Titel *Tentazione di Siracusa*. Der Verfasser ist Jacques Derrida. Dem Vorwort entnehme ich, dass er im Jahr 2001 zum Ehrenbürger der Stadt Syrakus ernannt wurde. Das Büchlein besteht im Wesentlichen aus der Rede, die er hielt, als er die Ehrung entgegennahm.

Warum »Versuchung«? Mittelalterliche Gemälde kommen mir in den Sinn. Die Versuchung des heiligen Antonius. Aber es geht nicht um Sex, um körperliche Anziehung. Der Titel spielt sicherlich auf die Macht, die Größe, den Pomp und die unvergleichliche Schönheit der Stadt in ihrer griechischen Blütezeit an. Es muss für viele eine Versuchung gewesen sein, sich nach Syrakus einzuschiffen und in dem Manhattan der damaligen Welt, einer Halbmillionenmetropole, sein Glück zu versuchen. Einer dieser in Versuchung Geratenen war Platon. Der berühmte Philosoph langweilte sich in Athen, kam mit den Plänen für seine Akademie nicht so recht voran und reiste im

Lauf von mehr als zwei Jahrzehnten drei Mal nach Syrakus. Derrida bezieht sich in seiner Rede auf die wiederholten Reisen des Philosophen und auf dessen Suche nach einem Fundament für das ideale Staatswesen, das er verwirklichen wollte.

Die erste Reise findet im Jahr 388 v. Chr. statt. Das Treffen des damals schon sehr bekannten politischen Denkers mit Dionysios I., dem mächtigsten Herrscher des westlichen Mittelmeers, geht nicht gut aus, weil der Tyrann von Platons Ideal eines »Philosophen-Königs« weit entfernt ist. Plutarch erzählt in seiner Biografie Alexanders des Großen, der launische Dionysios habe Platons Gespräche zwar ertragen gelernt, »wie ein wildes Tier das Betastetwerden durch die Menschen«, doch nach und nach habe sich alles verfinstert. Laut Plutarch habe Platon auf einem zu seinen Ehren gegebenen Bankett seine Vorstellungen von Tugend, Mut und Gerechtigkeit entwickelt. Wenn er, Platon, die ganze Menschheit in den Blick nehme, so seien es die Tyrannen, die diese Eigenschaften am allerwenigsten besäßen. Dionysios I. habe aus diesen Ausführungen einen an ihn gerichteten Vorwurf herausgehört und zugleich die Zustimmung gespürt, die die Teilnehmer des Gelages Platon entgegenbrachten. Schließlich habe er, so Plutarch, die Fassung verloren und Platon gefragt, warum er überhaupt nach Sizilien gekommen sei, worauf dieser geantwortet habe, er suche nach einem tugendhaften Mann. Die Replik von Dionysios I.: »Nun denn, du scheinst ihn nicht gefunden zu haben!« Seines Lebens nicht mehr sicher, schifft sich Platon am nächsten Tag auf eine Triere ein. Dass Dionysios I. den Kapitän gebeten habe, Platon zu töten oder in Ägina als Sklaven zu verkaufen, gehört aber wohl ins Reich der Fantasie.

Dion, ein wichtiger Berater von Dionysios II., dem Sohn des alten Tyrannen, lernte Platon schon bei dessen erstem missglücktem Besuch kennen. Er war ein begeisterter Anhänger seiner Lehren und wollte, dass Platon mit dem neuen Herrscher zusammentrifft und mit ihm eine Verfassung für die griechischen Städte Siziliens ausarbeitet. So kam Platon ein zweites Mal nach Syrakus, zwanzig Jahre nach der ersten Reise, im Jahr 367 v. Chr. War er geblendet, gar verblendet? Und wodurch? Er muss die griechische Metropole im westlichen Mittelmeer stärker als zuvor als Athens Antithese und Alter Ego wahrgenommen haben, einen Ort, an dem es ihm nun möglich schien, erste Schritte auf dem Weg zu seinem Idealstaat zu gehen, den er in dem gerade vollendeten Buch *Politeia* beschrieben hatte. Doch endete auch diese Reise mit einem Fiasko. Die Chemie zwischen ihm und Dionysios II. funktionierte einfach nicht. Die Euphorie des Philosophen wich schnell großer Skepsis. Dion wurde ins Exil geschickt. Die Günstlinge am Hof des Tyrannen intrigierten gegen Platon. Seine Situation wurde so prekär, dass er nach Athen zurückfuhr. Und es ist schlechterdings unerklärlich, warum er sechs Jahre später, 361 v. Chr., noch einmal in Syrakus aufkreuzte. Welchem Lockruf war er jetzt gefolgt? In dem allerletzten Gespräch, das Dionysios II. mit Platon geführt hat, soll der Tyrann gesagt haben: »Du wirst deinen Kollegen in Athen wahrscheinlich viele negative Dinge über mich erzählen«, worauf Platon erwidert haben soll: »Himmel, nein! Nicht auszudenken, dass wir in der Akademie so wenig zu besprechen hätten, dass wir Zeit fänden, deinen Namen in den Mund zu nehmen.«

26.

Ein Addendum: Der berühmte Altphilologe Wolfgang Schadewaldt, herrlicher Übersetzer der Sappho und des Homer, sitzt Anfang 1934 in Freiburg in der Straßenbahn. Martin Heidegger, der Rektor der Universität wird und die ersten Scharmützel mit den Machthabern in Berlin hinter sich hat, steigt zu. »Na, Martin«, begrüßt ihn Schadewaldt, »zurück aus Syrakus?«

27.

Doch ist von dieser Stadt, der mächtigsten politischen Gründung, die den Griechen je gelang, einer Stadt großen Aufwands, aber auch endloser Belagerungen und ruinöser Feldzüge, jenseits der steinernen Zeugnisse noch etwas vorhanden? Glüht ein Mythos fort? Eine Idee? Oder hat sich der frühe Ruhm in Staub und Asche verflüchtigt? Ist in Schulen und Universitäten überhaupt noch die Rede davon? Sagen sich junge Leute: Warum noch Griechenland? Welchen Nutzen bringt Vertrauen in die Antike? Lassen sich aus ihr überhaupt noch Deutungen für unsere Gegenwart gewinnen?

Neulich sagte ein Freund, der mich in Ortigia besuchte: »Hier ist so viel Vergangenheit, dass kaum Platz für die Zukunft bleibt. Mir kommt es vor, als säße ich in einem glamourösen Grand Hotel, von dem der Putz bröckelt.«

»Ach«, erwiderte ich, »der Putz ist doch längst ab. Die Syrakusaner blicken nicht wehmütig zurück. Sie leben in den Ruinen, und dass die Zukunft ihnen Sorgen macht, ist doch verständlich. Sie hangeln sich einfach weiter. Sie hangeln sich fröhlich von Untergang zu Untergang.«

Der Freund schwieg.

»Ich übertreibe ein bisschen«, sagte ich, »so wie es meine Art ist. Und ich muss zugeben, ich weiß nicht genau, wie die jungen Sizilianer ticken. Wahrscheinlich wissen sie, dass die Traditionen, auch die traditionellen Wirtschaftszweige ausgespielt haben, dass der Fatalismus der Eltern nichts bringt, dass sie mit der Digitalisierung mithalten müssen, dass sie ihr Herz – und ihre Vergangenheit – dem Tourismus verkaufen müssen.«

28.

Auch mit meinem Freund Gaetano Tranchino diskutiere ich oft die Frage, ob die Vergangenheit das Leblose, das Museale abstreifen und sich in heutigen Menschen und Bildern und Geschehnissen inkarnieren kann. So kamen wir auf Marpessa und ob sie nicht die heutige Arethusa sei.

Wir hatten von seinem Freund Ferdinando Scianna gesprochen. Gaetano sagte, Ferdinando sei nicht nur ein verdammt guter Fotograf, auch schreiben könne er verdammt gut. Oft verfasse er zu seinen Bildern knappe Texte, eindringliche Porträts aus Worten. Von dem Fotografen Scianna hatte ich schon gehört, als ich noch keine Wohnung in Ortigia hatte und auch Gaetano noch nicht kannte. Die C/O Galerie in Berlin hatte eine Ausstellung mit Arbeiten von Magnum-Fotografen gezeigt. Hier fiel er mir zum ersten Mal auf, mit passbildgroßen Bildern von einer jungen Frau mit äußerst intensiven Augen. Von dreien dieser kleinen, mit roten Farbstiftstrichen bearbeiteten Kontaktbilder gab es große, in eine Reihe gehängte Abzüge. Unter ihnen stand auf einem weißen Schild: »Marpessa, Bagheria, 1987«. Bagheria ist ein Vorort von Palermo, bekannt vor allem wegen seiner Villa Palagonia mit ihren barocken Monstern und Ungetümen. Bekannt auch, weil alle Reisenden des 18. und 19. Jahrhunderts hier Station machten. Bekannt schließlich, aber das erfuhr ich erst später, weil Ferdinando Scianna ein – inzwischen schwer auffindbares – Kultbuch veröffentlicht hatte, *Quelli di Bagheria*, in dem alle Einwohner seiner Geburtsstadt von ihm porträtiert worden waren.

Marpessa faszinierte mich, als ich sie bei C/O entdeckte. Ich dachte nicht viel nach. Für mich war sie eine Frau aus Bagheria, eine junge Sizilianerin mit dunklem Teint, einem fast griechischen Profil, kräftigen Augenbrauen und einer ebenso kräftigen Unterlippe. Sie war für mich, vom ersten Hingucken an, der Prototyp mediterraner Weiblichkeit. Später erfuhr ich, als ich über die Magnum-Agentur einen Abzug dieser Fotografie erwerben wollte, dass Marpessa in Amsterdam zur Welt kam, ihre Mutter Holländerin und ihr Vater aus Surinam war, mit bürgerlichem Namen Marpessa Hennink heißt und in den 1980er-Jahren ein weltberühmtes, an Dolce & Gabbana mit einem Exklusivvertrag gebundenes Model war. Auch als ich das erfuhr, stürzten meine Träume nicht ab. Erging es mir wie Leonardo Sciascia, der notiert hatte, Marpessa habe sich für ihn »auf eine Pirandello-artige Weise« in eine Kreatur verwandelt? Auch Scianna sagte, er habe sie nicht als Model wahrgenommen. Sie sei für ihn eine junge Frau gewesen – er verwendet das Wort *ragazza* –, »unfassbar schön«. Durch sie habe er »die Beziehung Frau – Sizilien erzählt, eine wahre Fiktion, eine fiktive Wahrheit«. Ihr Name – *Marpessa* – ist Titel eines Buches, das er publiziert hat und das im Untertitel *Récit* heißt, *Erzählung*. In keinem Antiquariat der Welt konnte ich es finden. Als ich Gaetano das erzählte, verdrehte er nur die Augen und hauchte: »Marpessa.«

29.

Das Restaurant Red Moon war so etwas wie ein Geheimtipp, vielleicht weil ich schon früh davon gehört hatte, aber dann jahrelang nicht den Weg zu dieser Fischkaschemme, Riva Porto Lachio am Porto Piccolo, fand. Nun war es so weit. Ich traf mich mit der Übersetzerin Dora Suma und ihrem Mann, Alberto, an einem Samstag, dem Tag, an dem alle Syrakusaner ausgehen und prassen.

Sofort befinden wir uns in einem Film von Federico Fellini. An den wackligen Tischen auf einer Art Parkplatz neben einer Zeltkonstruktion sitzen Kleinbürger, Gecken, ungleiche Liebespaare, mitteljüngere Damen zweifelhafter Provenienz. Eine Gruppe von drei *ragazze*, direkt in meiner Sichtachse, agiert besonders auffällig. Zwei der drei »Damen« sind eher feist, das Stämmige passt zur dick aufgetragenen Schminke. Die eine hat ihre Brüste, deren Ausmaß man gar nicht so genau wissen will, in eine rote Chiffonbluse gesteckt, die selbst wiederum in einen schwarzen Schlabberrock gestopft wurde. Die andere hat sich in ein dunkles Echsenlederetui, alles Imitat, gezwängt, mit violetten Spaghettiträgern. Die Dritte zeigt enorm viel Haut. Aus einem überirdischen Ausschnitt wälzen sich zwei dicke fleischliche Wülste heraus, mit Mühe von zwei schwarzen Stoffschalen zusammengehalten, an denen die Inhaberin immer wieder das Display ihres Mobiltelefons reibt und von fettigen Fingerabdrücken befreit. Rücken, Schultern, Arme sind über und über grünlich tätowiert. Die Stilettos ihrer High Heels sind mindestens fünfzehn Zentimeter hoch. In ihrer ordinären Präsenz hat die Frau eine Unverfälschtheit, die unsere »Echtheit« übertrifft. Mit ihren zwei Genossinnen macht sie pausenlos Selfies. Lachsalven. Die drei essen, was das Zeug hält, sprechen dem Wein zu, was die Blase hält. Ein durchaus munteres, aufmunterndes Spektakel. Aber Dora, die bei den Ursulinen in Ortigia erzogen wurde, findet das alles ziemlich daneben. Und Alberto, ein Kalabrese, tut angewidert, doch werde ich aus ihm nicht ganz schlau. Die Kellner erledigen gerade mal das Nötigste, knallen die Flaschen auf den Tisch und bringen violette Riesenoktopusse, der runde Kopf eine rote Glühbirne, die erhaben auf einem Knäuel dicker Kabel mit Saugnäpfen ruht.

Der Blick von den Restauranttischen hinüber nach Ortigia ist von Lieferwagen und Pick-ups versperrt. Wir dinieren wirklich inmitten eines Parkplatzes. Früher soll es eine kleine Fähre gegeben haben, die zwischen der Riva Porto Lachio und dem Jachthafen auf Ortigia regelmäßig hin- und herfuhr. Jetzt, zu dieser Stunde, sehen wir einige Fischerboote weit draußen, die mit starken Lampen versuchen, die Fische anzuziehen. Giuseppe Monteleone hat mir erzählt, dass es sich die Männer, die nachts fischen, zur Gewohnheit gemacht haben, mit ihren Frauen am späten Nachmittag zu schlafen. Vom Bett geht es dann direkt zum Kutter und mit ihm ins dunkelnde Meer.

30.

Nach der Ausschweifung im Red Moon zeigen sich Himmel und Sonne heute schlicht, fast streng, ionisch. Ich gehe zur Arethusa-Quelle und sehe gerade noch, wie die Nymphe ein Bad nimmt in dem verwilderten Bassin. Die Meeresfläche bleibt leer.

Es gibt Tage, da wirkt die Insel grau, gebeugt. Doch heute strahlt sie. Heute fällt es mir schwer, zu glauben, dass es so etwas wie ein Selbstmitleid der Insel gibt: dass die großen Zeiten vorbei sind. Dass das Theater nicht mehr so groß, der Busterminal kaputt, der Corso Gelone, die einstige Prachtstraße der Neustadt, verdorben ist. Und das Meer unzerfurcht, ohne Kreuzfahrtschiffe, auf die der *Sindaco*, der Bürgermeister, doch seine ganze Hoffnung gesetzt hatte.

Am besten sind die überbelichteten Tage im August. Die Menschen wirken starr wie Echsen in der Sonne, nur dass sie an einem eisernen Kaffeehaustisch sitzen und ab und an einen *negroni sbagliato* an die Lippen führen. Sie sehen so aus, als hätten sie ihren Glauben an den Schatten verloren.

Den schönsten, allertiefsten Schatten gibt es an späten Sommernachmittagen in der Via Logoteta. Ich gehe sie gerne, von der Wohnung und der Piazza del Precursore kommend, entlang, stoße erfrischt auf die Via Roma und bin an meinem Barbier vorbei in wenigen Schritten vor dem Caffè Minerva. Die Via Logoteta mag ich aber nicht nur wegen ihres tiefen Schattens im Hochsommer. Sie entspricht zu jeder Jahreszeit einer sizilianischen Gasse in einem schlechten Unterhaltungsroman. Nicht nur laufen über deinem Kopf Wäscheleinen kreuz und quer, zwischen dem Eisengeländer der Balkone quellen auch Hängepflanzen hervor, denen gerade der Mangel an Wasser Üppigkeit zu bescheren scheint. Es gibt den »Hof der Griechen«, Ronco li Greci, und einige Ateliers, in denen Handwerker mit lauten Maschinen Holz bearbeiten und sich das Sägemehl aus den Brauen wischen. Es gibt keine verwilderten Hunde, selten eine alerte, abgemagerte Katze, doch jede Menge Näpfe mit Katzenfutter neben Töpfen und Topfpflanzen und Blechkübeln an halb offenen Hauseingängen, hinter denen ein Fernseher quasselt und plärrt.

31.

Es gibt nicht nur die muntere Adeline. Es gibt nicht nur Verkäufer aus Gambia und Senegal, die Lederwaren, billigsten Schmuck und schlecht geschnitzte Elefanten in einem hartnäckigen Redeschwall an die Frau oder den Mann bringen wollen. Es gibt überhaupt mehr und mehr Immigranten. Im Straßenbild fallen sie auf. Die Zahl der afrikanischen Geflüchteten ist gestiegen. Am Eingang der Immigrationsbehörde kurz vor dem Talete-Parkplatz in Ortigia stehen sie in Gruppen herum, warten auf Papiere, Stempel, Unterschriften und fürchten ungünstige Bescheide. In den Gesichtern lese ich die Ungewissheit, wie es weitergeht. Ohne Papiere zu sein heißt, ohne Perspektive zu sein. Wenn sie Glück haben, dürfen sie bleiben und zu Sklaven des 21. Jahrhunderts werden. Viele von ihnen schuften auf den Tomatenfeldern von Pachino.

Früher durfte man dreißig Tage bleiben, bis das Amt positiv oder negativ über den Asylantrag entschieden hatte. In unklaren Fällen gab es – aber es ist schon Jahre her – ein *foglio di via*, das fünfzehn Tage Aufschub gewährte für zusätzliche Ermittlungen. Aber die Regeln haben sich inzwischen zwei Dutzend Mal geändert, und niemand blickt mehr so richtig durch. Sicherlich ist alles strenger geworden, Ausnahmen sind schärfer formuliert, doch legen die Sizilianer im Allgemeinen eine bemerkenswerte Großzügigkeit an den Tag. Als der Chef der Lega Nord Matteo Salvini, der kurze Zeit rechtsradikaler Innenminister Italiens war, Schiffen mit Flüchtlingen das Anlanden in italienischen Häfen verbot, befestigten viele Syrakusaner Spruchbänder, auf die sie »Porti aperti!« gemalt hatten, spontan an ihre Balkone. Die Häfen müssen offen bleiben!

Niemand weiß, wie viele illegale Immigranten sich heute in Syrakus durch das Leben schlagen. Manche sind fliegende Händler, manche kommen in Restaurantküchen unter, manche putzen bei reichen Leuten. Afrikaner, die die Scheiben der vor den Ampeln wartenden Autos blank wischen und ein Trinkgeld erhoffen, gab es früher, wie Giuseppe Monteleone berichtet, jetzt aber nicht mehr.

Giuseppe und Dora Suma erzählen auch mit einer gewissen Verve, dass Ortigia bis in die frühen 1990er-Jahre eine Hochburg der Prostitution gewesen sei. *Tempi passati.* Kein rotes Lämpchen glüht mehr am Eingang der kleinen Häuser am Lungomare di Levante, die inzwischen restauriert und aufgeschickt sind. Die italienischen Männer nennen die Schwarzen Prostituierten *lucciole*, Glühwürmchen, was fast zärtlich klingt. Von Ortigia vertrieben, seien sie zum Bahnhof umgezogen. Das nächste Revier sei der Corso Umberto I gewesen, wo es aber zu geschäftig zuging. Viele werden ausgewiesen, kommen immer wieder zurück. Heute gehen viele ihrer Arbeit außerhalb der Stadt nach, man sieht sie am Rande von Feldern, an Straßenkreuzungen, auf Klappstühlen vor aufgelassenen *cabanas*. Es ist ein diskretes Gewerbe geworden. Viele Glühwürmchen tragen dunkelgrüne T-Shirts und braungrüne Röcke, was sie noch unsichtbarer macht und in der Natur verschwinden lässt.

32.

Heute habe ich ein Buch mit ins Caffè Minerva genommen. Eine Anthologie mit Texten zum Mittelmeer. Von Roland Barthes habe ich die folgenden Sätze gefunden: »Der Barbier, der Schuhputzer, der Bademeister sind drei gängige Geschöpfe mediterraner Länder. Da sich der Schmutz nicht recht bekämpfen lässt, wird er umschmückt, lasiert; an nichts wird dabei gespart, zwar mit Wasser gegeizt, nicht aber mit Schmiermitteln: Pomaden, Wichsen, Kosmetika gibt es im Überfluss, als Seifenersatz, wie das Öl bei den alten Griechen.« Das hat Barthes vor mehr als achtzig Jahren in Athen im Hochsommer notiert. Da mag viel Abfall herumgelegen haben. Aber Ortigia ist proper. Salvatore Sparatore, meinem Barbier, werde ich diese Passage dennoch vorlesen. Denn er ist ein Pomaden-Artist. Er hat mir nie verraten, wie alt er ist. Achtzig? Sporadisch taucht ein tiefgelbes Schild an seinem Ladenfenster auf: »*Vendesi*«, als hätte er genug von Scheren, Schaum und schlecht gelaunten Kunden und wollte sich zurückziehen. Dieses Schild erschreckt mich. Wenn ich ihn darauf anspreche, murmelt er: »*Non significa nulla.*« Das habe keine Bedeutung. Vor meinen Augen nimmt er das Schild ab und verstaut es zwischen zerfledderten *L'Espresso*-Ausgaben. Und ein paar Tage später taucht das Schild wieder auf.

Neulich erzählte er mir bei einer Rasur, dass er in Neapel Verwandte besucht und für die Rückfahrt den Nachtzug, den *treno notte*, von Neapel nach Syrakus genommen habe. Sofort tauchte vor mir das Bild des schwarz glänzenden Boliden auf, der auf mich großen Eindruck gemacht hatte, als ich ihn in der *stazione* von Syrakus halten sah, und der sogleich in mir den Wunsch geweckt hatte, einmal die ganze Strecke von Rom nach Syrakus – oder in umgekehrter Richtung – zu fahren.

»Wie war es?«, fragte ich ihn mit Schaum vor dem Mund.

Oft schon hatte ich eine solche Zugfahrt imaginiert. Ein adrett uniformierter Schaffner schüttelt das Kopfkissen auf, streicht das glatte Laken noch glatter, fragt mich, ob ich vor der *cena* einen *prosecco* oder einen *vino bianco*, einen *verdicchio*, haben wolle. Er bringt die Zeitung vorbei und ist die Professionalität und Liebenswürdigkeit in Person. Manchmal kommt in dem imaginierten Zug auch noch eine Schaffnerin, eine Art Stewardess, vorbei, schüttelt das blondierte Haupt und reicht Handtücher und eine Wasserflasche.

»Wie war es?«, fragte ich ungeduldig.

Signor Sparatore schärfte die Rasierklinge und sagte, er habe die Reise sehr genossen. Was sie für mich gewesen wäre, ein nostalgisches oder literarisches Erlebnis, war es für ihn nicht. Er hasse, wie ich erfahre, Billigflieger. So zog er ein anachronistisches Fortbewegungsmittel wie die Bahn bei Weitem vor. Die Zeit sei ihm im Übrigen wie im Fluge vergangen. Es hätte noch zwei Aufenthalte bis Messina gegeben, in Salerno und in Reggio Calabria. Aufgewacht sei er aber erst, als der Zug nicht mehr stampfte und schlingerte, die Räder still standen und sich die Waggons samt Lok schon auf der Fähre befanden.

»Wie lange dauert die Überfahrt nach Messina?«

»Ach, kaum eine Viertelstunde. Aber ich hatte bei der Ankunft im Terminal von Messina das Gefühl: Jetzt bin ich wieder in meiner Welt.«

33.

An sehr klaren Tagen im Winter sieht man von Ortigia aus über den Häusern der Neustadt eine breit hingelagerte Schneekuppe. Sie wirkt irreal. Man reibt sich die Augen. Ja, es ist der schneebedeckte Gipfel des Ätna. Als die Schriftstellerin Terézia Mora den Ätna bestieg, auch im Winter, hat sie mir ein Foto gemailt, auf dem nichts als ein riesiges offizielles Hinweisschild zu sehen war, im Hintergrund ein paar schneebedeckte Büsche. Auf dem Schild ist auf dunkelbraunem Grund, der Signalfarbe für Sehenswürdigkeiten in ganz Italien, zu lesen: »Comune di Sant'Alfio«, darunter »Monti Sartorius« und noch einmal darunter: »s.l.m. 1667m«. Offenbar geht es um einige Nebenkrater, die meinen Namen tragen und 1667 Meter über dem Meeresspiegel liegen. Ich bin geschmeichelt, kann aber nicht wirklich etwas damit anfangen.

Viel später entdeckte ich in einer Ausgabe von *La Lettura*, der exzellenten wöchentlichen Literaturbeilage von *Corriere della Sera*, die Anzeige eines Verlages in Catania, Werbung für ein voluminöses Buch, das den deutschen Titel *Der Aetna* trägt. Darunter stand, auf der unscharfen Fotografie vom Buchumschlag nur schwer zu entziffern: »Gesammelte Manuskripte von Wolfgang Sartorius von Waltershausen sowie eine Auswahl seiner Zeichnungen«. Nun war ich hellwach und fand im Internet schnell heraus, dass dieser Sartorius im 19. Jahrhundert lebte, in Göttingen Geologie lehrte und einer der in Europa angesehensten Vulkanologen seiner Zeit war. Über einen Zeitraum von mehr als zehn Jahren betrieb er Feldforschung an den Hängen des Ätna, kartografierte alle Lavaströme des Vulkans, auch die der vergangenen Jahrhunderte, soweit sie messbar waren und festgehalten wurden, und hinterließ Tausende von Zeichnungen und Skizzen. Er war ein Wahnsinniger, ein meschugger Geologe, der mehr Zeit in Sizilien und Island verbrachte als in Göttingen. Jetzt, da jenseits des eigenen Namens mir »Sartorius« ein Begriff war, fragte ich die Jeepfahrer und Bergführer, die Touristen zur Spitze des Ätna brachten, nach ihm aus, und sie alle kannten den Namen, und alle wussten sie, dass Sartorius sich große Verdienste bei der Erforschung der Launen des Vulkans erworben hatte. Auch die alten Männer im Café von Sant'Alfio wussten Bescheid. »Aber der Ätna ist gutmütig«, sagte beruhigend ein Bauer an der Theke zu mir, nachdem einer der zahlreichen Ausbrüche die Straße vor dem Café wieder mit einer fingerdicken Schicht aus Staub und Asche bedeckt hatte. »Er lässt nur Druck ab und schwappt dann halt mal über.« Der Mann neben ihm, der sich als pensionierter Lehrer des Orts entpuppte, pflichtete ihm bei. »Der Ätna ist ein gigantisches Lebewesen«, sagte er, »es lebt, es zittert, es rumort, aber es tut uns nichts.« Auf der Rückfahrt zum Bahnhof in Catania, um den Zug nach Syrakus zu erwischen, erklärte mir der Fahrer mit Verve, dass der Vulkan nicht nur zerstöre. Er sei auch die große *madre*, welche Leben spende. Das stimmt, und so steht es auch in allen einschlägigen Büchern: dass sich das vulkanische Gestein über Jahrzehnte zu dunkler Erde zersetzt und sehr fruchtbar wird. Ein Gang über den Markt in Catania oder in Syrakus überzeugt auch den borniertesten Zweifler. Nirgends sonst wachsen so großartige Zitronen, rötlich angehauchte Blutorangen, duftende Mandarinen und grünviolette Pistazien wie hier an den Hängen des gewaltigen Berges.

34.

In Syrakus hat der Ätna nicht die Allgegenwärtigkeit, die er in Catania besitzt. Das mag schlicht damit zusammenhängen, dass der Riese in fünfzig Kilometern Entfernung nur selten sichtbar ist. Einmal ragte er wie eine schwarze, fast perfekte dreieckige Silhouette aus der Ebene vor rötlichem Abendhimmel, als ich das *Due Colonne* aufsuchte. Von der Terrasse dieses Restaurants geht der Blick auf das von den beiden Flüssen Anapo und Ciane gebildete Delta, die beiden dorischen Säulenstümpfe, nach denen die Kneipe benannt ist, und – bei extrem klarem Wetter – die Küste entlang bis nach Catania und dem Ätna. Ein andermal im Winter, auf der Bastion gegenüber dem Hotel Gutkowski, traute ich meinen Augen nicht, als ich der weißen, schwach funkelnden Kuppe über den Dächern der Neustadt gewahr wurde. Die Luft muss an diesem Tag von äußerster Transparenz gewesen sein.

Auf meiner inneren Retina ist dieses Bild geblieben, unauslöschbar. Auch Jahre später ein Inbild makelloser Helligkeit. Ein lichtes Meer, sehr helle Hausfassaden, ein fast weißer, schlierenloser Himmel und mitten darin unwirklich diese weiße Spitze. Ein Schimmern. Ein kaltes Glimmen. Ein Hochzeitsreifrock. Der kanadische Künstler Jeff Wall hatte als Erster Fotografien in Leuchtkästen gesteckt und damit große Brillanz erzeugt. Für mich ist die winterlich weiße Kuppe des Vulkans über den Dächern von Neapolis ein solches Leuchtkastenbild geworden.

35.

Die Sizilianer lieben es, Städte zu vergleichen. So sagt mir ein Freund aus Palermo, zu Besuch in Syrakus: »Du musst zugeben, dass unsere Stadt, wie viel davon auch nur noch als Erinnerung lebt, aufregender ist, auch aristokratischer als Catania oder selbst Rom.« Und dann fügt er noch hinzu, wie um mich zu verletzen: »Von Syrakus ganz zu schweigen.«

Ich sage ihm, dass ich keine großen Unterschiede zwischen den sizilianischen Städten sehe. Überall herrsche grenzenlose Aufregung. Die lokalen Gazetten überböten sich mit klebrigen oder auch nur finsteren Geschichten. Von vier Politikern seien drei korrupt. Trauerzüge behinderten überall den Gang der kommunalen Geschäfte, und die Post kippe die nicht ausgetragenen Briefe, sobald sie eine stattliche, also hügelähnliche Menge erreicht haben, einfach in die See.

Mein Freund setzt zur Widerrede an, aber ich lasse ihn nicht zu Wort kommen. Ich sage: »Dies alles gilt in besonderem Maße für Palermo. Und trotz alledem liebe ich Palermo sehr. Wenn es Syrakus nicht gäbe, würde ich dort leben wollen.«

36.

Als ich vor vielen Jahren in New York lebte, einer Nachnachfahrin von Syrakus, faszinierte mich in dem Magazin *The New Yorker* eine stets am Anfang des Heftes unmittelbar nach den Programmhinweisen wiederkehrende Rubrik. Sie hieß – und heißt immer noch – *The Talk of the Town*. Also: Stadtgespräch. Hier beugen sich namhafte Schreiberlinge, die Edelfedern der Ostküste, liebevoll, wie mit einem Vergrößerungsglas, über Details des Stadtlebens. Was auch das Thema ist – Korruption, Bauvorhaben, Strafprozesse, Drogen, Schnulzen, Laster –, es wird ummantelt von der Zuneigung zu dieser Stadt. Vielleicht verfolge ich mit diesem Buch ein ähnliches Ziel und versuche wie unter einer Lupe meine Wahrnehmungssplitter zu einem Porträt von Syrakus zusammenzufügen.

Im heutigen Syrakus würde man vergeblich nach einem wie immer gearteten Stadtmagazin suchen. Es gibt eine regionale Tageszeitung, *La Sicilia*, die für ganz Sizilien erscheint und lokale Sonderteile hat, also auch ein vier bis sechs Seiten starkes »Buch« für Catania und Syrakus. Es ist gut, dass es diesen schlecht gemachten, reißerischen und geschwätzigen Lokalteil gibt, denn er nimmt sich der Details an und ist so etwas wie ein letzter Widerstand gegen die totale Vereinheitlichung der Lebensstile. Ich finde darin immer wieder Geschichten, die mir, so belanglos sie auch scheinen, sagen, dass einer der größten Unterschiede Siziliens zu unseren Breitengraden in einem anderen Verhältnis zur Zeit besteht. Es gibt hier keine Eile. Stattdessen gibt es mit Neugierde vermengte Nonchalance. Wie der Lokalteil dieser Zeitung ist auch jedes Geschäft in Ortigia eine Nachrichtenbörse. Man tauscht sich mit der Apothekerin, der Frau an der Kasse im Supermarkt, mit dem Käsehändler auf dem Markt minutenlang aus, und auch in den Medien scheint dieser elastische Umgang mit der Zeit eine Rolle zu spielen. Hat es mit dem Inselsein zu tun? Ein Freund erinnerte mich an Pirandello, der bei den Sizilianern ein Übermaß an Inselbewusstsein konstatierte, weil das Meer sie isoliere und einsam mache. Das mag stimmen, wirkt sich aber nicht auf dieses Zeitgefühl aus, das in ganz Süditalien und bis nach Neapel hinauf anzutreffen ist, das Gefühl nämlich, dass das Vergehen von Zeit gar nicht so schwer wiegt.

37.

Obwohl er in einem alten Bürgerhaus in der Via della Giudecca, also ganz in meiner Nähe, wohnt, sehe ich Carlo Coniglio nur selten. Ich habe ihn in seinem Studio – *iwhite plus* – kennengelernt, einen äußerst eleganten, gebildeten jungen Mann. Mein Makler hat mich ihm zugeführt, weil er ihn für einen der vielversprechenden Designer der Stadt hält. Nachdem ich die Wohnung gekauft hatte, entwarf Coniglio die neue Küche. Die alte war verrottet, die Ränder der Schubladen blätterten ab, das Innere der Geschirrspülmaschine sah aus, als hätte in ihr ein Brand gewütet. Coniglios Entwurf war munter, er gefiel mir mit seinen blendenden Farben und wurde schnell umgesetzt.

Carlo Coniglio. Was für ein herrlicher Name! Karl Kaninchen. Ein Name, der im Übrigen auch zu ihm passt. Denn Carlo sieht stets wie ein extrem modisch gekleideter Angsthase aus.

Im letzten Jahr hat er sich zum Ausgleich eine Dogge zugelegt. Nicht die Riesenausgabe, die mittlere Größe. Die Farbe ihres fabelhaften Fells ist falb, also ein hellgraubraunes Fell, das Fell eines Fuchses, der zu lange gezähmt wurde.

Als ich ihn jetzt treffe, ist er ohne Dogge. »Wo ist dein Hund?«, frage ich ihn.

»Ach, dieses steinerne Ortigia« – *steinern* betont er in einem Anfall von Heftigkeit –, »diese Stadt ist nicht gut für Hunde, die Auslauf brauchen. Ich habe ihn Freunden auf dem Land geliehen, für eine Woche.«

»Wollen wir zusammen frühstücken?« Ich weiß, dass er jeden Vormittag gegen elf Uhr sein Frühstück im Hotel Roma in der Via Roma einnimmt und dass er jeden Mittag mit seinem Vater in der Neustadt isst, meist im Fischrestaurant Onda Blu.

Carlo willigt ein.

Wir nehmen Platz in dem Frühstücksraum des Hotels, das einmal das erste am Platz gewesen ist und in dem Ezra Pound und William Butler Yeats abstiegen, um den Athena-Tempel im Dom und die berühmten numismatischen Sammlungen des *Museo Archeologico* zu inspizieren. Das Hotel versteht die frühere Gediegenheit zu wahren. Ein weiß gedeckter runder Tisch wartet auf uns, in einer hellen Atmosphäre. Alles duftet nach Effizienz. Die Kellner wissen, was sie bringen sollen. Das Kaninchen zerlegt ein *cornetto vuoto*, ein ungefülltes Croissant, und zerstört die schöne matte Glasur des Rückens unter leisem Schnalzen der Lippen. Dann pult er den leicht fettigen Teig aus dem Innern und formt damit kleine Kügelchen.

»Für die Tauben?«

»Nein, das sind die Seelen der Lebewesen, die wir noch nicht kennen.«

»Oje, geht es dir schlecht?«

»Wieso? Ich spiele nur gern so herum.«

»Woran sitzt du? Hast du Aufträge?«

»Ich habe eine Anfrage zu einem großen Ding, aber es macht mir keinen Spaß. Leider. Schade.«

Ich schaue ihn erwartungsvoll an.

»Es geht um den Neubau am Eingang des Castello Maniace. Dort entsteht gerade eine modernistische Konstruktion, alles Glas und Spiegelstahl, das Dach eine aufschlagende Riesenwelle. Im Innern wird es ein Restaurant geben, ein Café, eine sich lang hinziehende Bar, und ich wurde gebeten, mich an einem Pitching für die Innendeko zu beteiligen. Aber dieses Gebäude ist in unmittelbarer Nähe zu dem strengen viereckigen Fort der Staufer ein Fremdling, ein einziges Missverständnis. Es macht keinen Spaß, sich eine Ausstattung für etwas zu überlegen, was man zuinnerst ablehnt.«

Er setzt noch einmal an: »In solchen Fällen lasse ich mich gerne von der Außenarchitektur leiten. Aber sie ist so voller billiger Effekte, dass sie mich geradezu lähmt. *Designer's block!* Andererseits überlege ich mir, ob ich nicht brutal strenge Tische und Stühle entwerfen und damit auf die klaren Linien des Kastells verweisen sollte, auf dessen herrliche Lakonie, die keinen Firlefanz duldet.«

Ich bin seit ein paar Wochen nicht mehr an der Spitze von Ortigia gewesen. »Steht denn dieser Neubau schon?«

»Ja, er ist fast fertig. Aufgebläht. Unproportioniert. Ich bin mir sicher, du wirst ihn so scheußlich, so deplatziert finden wie ich.«

38.

Das Castello Maniace wurde zur Zeit des Stauferkaisers Friedrich II. erbaut, von 1232 bis 1240, und erinnert mit seinem strengen viereckigen Grundriss und den bulligen Rundtürmen an den vier Ecken an andere staufische Burgen, insbesondere natürlich an das berühmte Castel del Monte, aber auch an die staufischen Kastelle in Catania und Augusta und an das grandios abweisende, bunkerähnliche Jagdschloss in Favara in der Nähe von Agrigent. Maniace liegt ganz am Ende des langen Fingers, mit dem Ortigia in das Ionische Meer hinausdeutet. Diese Südspitze der Insel ist eine herausgehobene geografische Position. Von hier aus lässt sich die Einfahrt in den Großen Hafen von Syrakus perfekt kontrollieren. Schon zur Zeit der allerersten Griechen soll hier ein Hera-Tempel gestanden haben. Später errichteten die Tyrannen an dieser Stelle ihre Paläste. Das heutige Kastell hat seinen Namen von dem byzantinischen Heerführer Georgios Maniakes, der im Sold der Normannenherrscher Syrakus von den Arabern zurückerobert hatte. Die Festung war aber nicht nur Militärgarnison, sondern während der Herrschaft Friedrichs II. auch Königspalast. Traut man damaligen Berichten, so soll Friedrich II. Syrakus mindestens drei Mal besucht haben.

Von der kaiserlichen Pracht ahnt man etwas in dem gigantischen Innenraum des Kastells, einem von mächtigen, auf riesigen Säulen ruhenden Kreuzrippengewölben getragenen Saal. Als ich zum ersten Mal in diesen Saal trat, war ich von seiner Höhe, seiner Pracht, seinen Proportionen überwältigt. Gerade seine Leere spornte meine Einbildungskraft enorm an, auch wenn sie von Berichten vom legendären Hoflager, das Friedrich, einem morgenländischen Fabelkönig gleich, mit sich zu führen pflegte, bereits angefacht war. Der sonst so kühle Joachim Fest gibt diese Berichte mit Gusto in seinem Italienbuch *Im Gegenlicht* wieder: »An der Spitze ritt die Sarazenen-Garde, 300 Männer in gleißenden Rüstungen, die Satteldecken mit Edelsteinen verziert. Ihnen folgte ein Zug von reichgeschirrten, mit Silberzeug und Glocken behängten Kamelen, die, geführt von gravitätisch schreitenden Eunuchen, auf ihren Prunksesseln tiefverschleierte arabische Sklavinnen trugen, ›den gomorrhäischen Harem‹ des Kaisers, wie der Papst missbilligend vermerkte. Den Viergespannen mit den Schatzfahrzeugen, die hochbeladen waren mit Gold- und Silbergerät, mit Byssus und Purpur, gingen Troubadoure und Gaukler nach, Jongleure und Musikanten, und hinter ihnen erst kam, in gemessenem Abstand, der eigentliche Hofstaat: Friedrich zu Pferde, geschmückt mit den Insignien der Macht und umgeben von hohen Würdenträgern, von Pagen und Dienern in buntgestreiften Tuniken. Ihnen schlossen sich die rotbespannten Festwagen mit den Gelehrten an und das Gefolge der Falkner mit allen Arten von Jagdvögeln, weißen und farbigen Pfauen, afrikanischen Straußen, Papageien und seltenen Tauben, sodann die Hundetreiber mit der zerrenden Meute, und Dompteure, die an glitzernden Ketten Löwen und Leoparden, Affen, Bären und Panther führten. Den Beschluss bildete der Elefant, den der Kaiser vom Sultan zum Geschenk erhalten hatte und der ein leuchtend ausgeschlagenes Turmgestell trug, auf dem prächtig gekleidete Mohren mit silbernen Trompeten die Signale bliesen. Als Nachhut folgten die Packpferde mit dem Kanzleimaterial und der Bibliothek.«

Derlei Aufzüge müssen in ihrer Exotik und wegen ihres

majestätischen Märchencharakters die Fantasie der Zeitgenossen ungemein erregt und fast zwangsläufig darauf verwiesen haben, dass Friedrich, so Fest, ein »Kosmokrator« war, der gleichermaßen über Völker wie über das Getier der Welt gebot, ganz im Sinne seines Diktums: »Unsere Zügel schwingen doch bis an die fernsten Enden der Welt.«

Was für ein Satz! Was für ein Gefühl von Macht! Hier in Maniace, in diesem großen Saal, der im frühen Mittelalter mit prächtigem Zeremoniell und gewaltigem Gewimmel erfüllt gewesen sein muss, hier an der Spitze von Ortigia und mit Blick hinüber auf Plemmirio, das schon Vergil in seiner *Aeneis* besang, spüre ich plötzlich, wie sehr Sizilien europäisches Ursprungsgebiet ist. Friedrich II. hatte versucht, in Syrakus und mehr noch in Palermo, aus der geografischen Lage der Insel und ihrer kulturellen Anciennität einen hegemonialen Anspruch herzuleiten: politisch als Mittelpunkt der Welt und kulturell als Vermittlungsraum zwischen Ost und West.

Dieser Anspruch, aber auch diese Offenheit und diese Bereitschaft zum Miteinander, zur Konvivialität kehrten nie wieder. Die Bastionen, die die spanischen Herrscher im 16. Jahrhundert rund um das Kastell legten, zeugen sinnbildhaft hiervon. Die Spanier schleiften auch das zweite Geschoss über dem Prachtsaal, um weniger Angriffsfläche für die Kanonen der osmanischen Heere zu bieten. Die Zeichen standen nun auf Härte und Krieg.

39.

Von der Terrasse meiner Wohnung aus kann ich das Kastell nicht sehen, das von anderen Häusern und einem mächtigen, schwarz bemoosten Kirchenschiff verdeckt ist, wohl aber die Südspitze von Plemmirio mit dem Leuchtturm, der die Einfahrt zum Porto Grande markiert. Ich habe Vergil erwähnt. Hier die Stelle aus der *Aeneis*:

> Von der sikanischen Bucht, Plemmyriums rollenden Fluten
> Gegenüber, sieht man ein Eiland gebreitet: die Alten
> Nannten's Ortygia. Alpheus, der elische Fluß, so erzählt man,
> Bahnte sich unter dem Meere verborgene Wege hierher,
> und
> Nunmehr vermenget es sich, einmündend vereint, Arethusa.

Diese Nymphe ist wirklich allgegenwärtig!

40.

Meer und Ruinen stehen in einem Spannungsverhältnis, in Ortigia und in allen alten Städten am Meer. Wir spüren das Gegeneinander: die elende Ewigkeitswirklichkeit des Meeres und den geborstenen Stein.

Georges Perros, ein Freund meines Dichterfreundes Lorand Gaspar, sagte, das Meer sei das Monument schlechthin.

Er sagte auch: »Das Meer ist die reine, nicht erträumte Irrationalität.«

Ich kann diese große Wasserfläche vor meinen Augen nicht fassen und will doch nicht verstummen.

ANKUNFT

1.

Vor Jahren kaufte ich in einem Antiquariat in der Suarezstraße in Berlin einen jener alten Baedeker im Gesangbuchformat, der Leineneinband dunkelweinrot, nicht kirchenschwarz, aber mit goldener Titelprägung und marmoriertem Schnitt. Der Titel lapidar, geradezu kühn: *Mittelmeer*. Mithilfe von dreiundvierzig erstaunlich präzisen Karten und sechsundvierzig zum Flanieren einladenden Stadtplänen wird das gesamte Mittelmeer umrundet, umwandert, umschifft. Ein herrliches Buch. Recht eigentlich mein Lieblingsbuch. Jede Stadtbeschreibung beginnt, bevor die Sehenswürdigkeiten benannt werden, mit dem Abschnitt *Ankunft zur See*. Auf Seite 63, es geht um Syrakus, lesen wir: »Die Dampfer von Neapel und Ägypten gehen in Porto Grande vor Anker. Die Dampfer nach Tripolis legen beim Zollamt, die nach Malta beim Hafenbahnhof an.« Dass die Züge von Messina bis zum Hafenbahnhof fahren, wird ebenfalls vermerkt, auch wenn es streng genommen hier gar nicht um eine Ankunft zur See geht.

Knapp neunzig Jahre später – der *Baedeker* in meinem Besitz kam 1934 heraus – gibt es so gut wie keine »Dampfer« mehr. Einige dicke Fähren verbinden Genua mit Catania, Neapel und Salerno mit Palermo. Der Flugverkehr hat den Schiffsverkehr, was die Beförderung von Personen betrifft, fast ganz verdrängt.

Ein Wunder, dass es noch den schwarz glänzenden *treno notte* gibt, mit dem man den ganzen Stiefel hinunterfahren und bei Messina übersetzen kann, und dann, auf Sizilien angelangt, geht es weiter bis nach Syrakus und Agrigent, der Endstation. Von den sizilianischen Flughäfen ist Catania der größte. Hier lande ich meistens, um mit Bus oder Taxi in rund fünfzig Minuten nach Syrakus zu gelangen.

2.

Doch muss ich zunächst durch ein Nadelöhr. Dieses Nadelöhr heißt Caffè Parisi und ist eine der herrlichsten *pasticcerie* in diesem Teil der Welt. Der Halt dort, vor der Fahrt nach Syrakus, kommt einer süßen Initiation, einem köstlichen Ritus gleich. Das Schlaraffenland liegt an einer der Ausfallstraßen des Flughafens von Catania. Der Ruf der hier fabrizierten *dolci* ist so gewaltig, ihr Duft so viel mächtiger als der des Kerosins, dass alle sich hier drängeln, alle sich hier laben wollen, die Lkw-Fahrer und die Geschäftsreisenden, die Handelsvertreter und die Taxifahrer, die Passagiere mit längerem Zwischenaufenthalt und die Mütter mit ihren *bambini*, die nach *gelati* quengeln – die anderen aber wollen zu ihrem schwarzschwarzen *caffè* ein noch ofenwarmes, mit Mandelpaste gefülltes, zartes Blätterteigtäschchen. Oder die grün glasierten Brüste der Sant'Agata, der Stadtheiligen von Catania. Auch sie sind heiß begehrt. Die knusprigen, unter den Zähnen splitternden *cannoli con crema alla ricotta* und die mit Orangenblütenwasser und Pistaziensplittern veredelte *cassata* gehen flott über die Theke, wie auch generöse Stücke *ciambella al limone* und alle Spielarten von *croccante,* diesen mit hartem Zuckersirup verbundenen karamellisierten Mandelsplittern. Der kenntnisreiche Schriftsteller Hanns-Josef Ortheil hat diesen sizilianischen Süßigkeiten ein ganzes Buch gewidmet, ein wollüstiges Kompendium, das ich nur empfehlen kann.

Es ist eine Gewohnheit geworden, mich vor der Weiterfahrt im Caffè Parisi mit einer grünen Brust oder einer *granita di caffè con panna* zu stärken, und auch für die Tage in Ortigia kaufe ich schon ein. Es gibt in Syrakus sehr gute Konditoreien, aber das Caffè Parisi gehört zur Sonderklasse. Und es kommt noch etwas hinzu: Dieses *Caffè* hat ein großartiges Einwickelpapier. Als ich jung war, kam es vor, dass ich eine Schallplatte nur wegen des Covers kaufte. Hier kaufe ich mehr als nötig, weil ich dem Einwickelpapier verfallen bin. Zwischen bunten Eiskugeln, *cornetti* und *cassata* tummeln sich rötliche Flugzeuge in Holzstichmanier und alte sizilianische Karren in tiefstem Blau. Goldener Puderstaub schärft die Farben. Er rieselt auf alle diese Leckereien herab und macht sie, eingewickelt in dieses Papier, noch begehrenswerter.

3.

Auch in Ortigia selbst keine Ankunft ohne Ritual. Der erste Gang geht zum Markt in der Via Emmanuele de Benedictis. Er ist der prächtigste, farbigste, an Düften reichste Ort der Insel. Hier türmen sich Obst und Gemüse, Zucchiniblüten und wilder Fenchel, riesige gelbnarbige *cedri* und tiefviolette, fast schwarze Auberginen. Und weißer, grüner, fliederblauer Kohl. In einem riesigen Topf köcheln Polpi, die der Händler mit einer Gabel einzeln herausfischt und dann mit scharfem Messer behände in handliche Stücke schneidet. Es gibt Stände für Gewürze, Nüsse, Käse, *ricotta salata* und *ricotta fresca* und *ricotta al forno*. Und zwölf Sorten von Pecorino. Am aufregendsten die Fischstände. Vier gibt es davon. Auf Thunfisch und Schwertfisch spezialisiert ist die Casa del Pesce. Man tritt unter grellen Karbidlampen in einen großen Raum, schaut an blutigen »Schwertern« vorbei in mindestens ein Dutzend riesengroße tote Fischaugen. Nichts Köstlicheres gibt es, sagt meine Sammlung mit Fischrezepten, als eine dünne Scheibe Schwertfisch, mit Öl bestrichen, mit Kapern, Petersilie und Zwiebeln garniert und kurze Zeit über Holzkohle gegrillt.

In einem Wörterbuch lese ich, dass es in Sizilien zahlreiche Dialektbezeichnungen für den Schwertfisch gibt: *spatu* oder *pisci-spata* und am schönsten *puddicinéddu*, ein Wort, das die Fischer für junge Tiere verwenden, mit dem die Sizilianer aber auch ganz allgemein ein kleines Kind bezeichnen, das den Kasper spielt. Junge Schwertfische können sehr albern sein, sie machen Purzelbäume oder springen übermütig aus dem Wasser – eben wie ein *puddicinéddu*.

Der verrückteste Markt Siziliens ist die *Vucciria* in Palermo. Der große Renato Guttuso hat sie gemalt. Ein herrliches Wimmelbild. Zu gerne würde ich es besitzen und ihm im *salotto* eine ganze Wand frei räumen. In der unteren linken Hälfte des Ölbilds tummelt sich Meeresgetier. Ein Verkäufer umklammert einen Schwertfischkopf. In Körben ringeln sich silbrige Schuppenleiber. Auf der anderen Seite einer schmalen Gasse, in der sich die Käuferinnen und Käufer entlangschlängeln, türmen sich Obst und Gemüse, rote Paprikaschoten, Fenchel, Zitronen, Bündel frischer Minze, von einem Fleischerhaken hängt sehr aufdringlich die blutrote Hälfte eines ganzen Rindes herab, daneben Einmachgläser, Käselaibe, eine gewaltige Mortadella und dahinter wieder Kaskaden von Äpfeln, Aprikosen, Nüssen, Zwiebeln, wieder Zitronen, das ganze Durcheinander grell beleuchtet von drei Karbidlampen. Ein hinreißendes, ein verrücktes Bild.

Vor Kurzem habe ich auf dem Markt in Ortigia, der ein sehr gelungener Abklatsch der *Vucciria* ist, einen seltenen Katalog über das Frühwerk von Renato Guttuso gefunden. Ein Antiquar hat, und das ist ein Novum, einen Stand ganz am Ende der Marktstraße aufgemacht und verkauft nun jeden Tag gebrauchte Bücher, die sich mit der Geschichte, den Städten und der Kunst Siziliens befassen, darunter auch Exemplare der Zeitschrift *Sicilia* aus den 1950er- und 1960er-Jahren, die immer noch eine bemerkenswerte Frische und Kühnheit der Gestaltung ausstrahlen. Hier entdeckte ich auch ein kleinformatiges Buch mit dem Titel *Vicolo sperduta* über die Gassen Ortigias, mit Schwarz-Weiß-Aufnahmen des Fotografen Carlo Di Silvestro und einem Vorwort des von mir verehrten Vincenzo Consolo. Auf diesen Bildern sieht Ortigia zerkratzt, zerfallen, zermodert aus. Vor dunklen Hauswänden und zugemauerten Eingängen sind ganz überwiegend Kinder abgebildet, die in den lichtlosen *vicoli* des Giudecca-Viertels und den Roncos, den kleinen Sackgassen, in Graziella freudlos spielen. Die Fotos sind, so steht es im Copyright, alle 1995 entstanden, wirken aber älter, als könnten sie auch viel früher aufgenommen worden sein.

4.

»Damals war Ortigia dunkel, morbide. Jede Fassade flüsterte von Dekadenz, jede Mauer von verflossenen Zeiten«, sagt Dora Suma. Damals, das war Mitte der 1980er-Jahre, als sie mit ihren Eltern aus Deutschland nach Syrakus zurückkehrte.

Ihr Vater hatte Sizilien sattgehabt und ging zunächst zu Fiat nach Turin, von dort nach Deutschland. Er war gelernter Schweißer und arbeitete kurz in einer Fabrik, bevor er eine feste Anstellung bei der Bundespost in Böblingen fand.

»Meine Mutter«, sagt Dora, »hat er am Rand des Fußballplatzes in Böblingen kennengelernt. Es muss Liebe auf den ersten Blick gewesen sein. So erzählten sie mir das. Und meine Mutter wurde sehr schnell schwanger.«

»Das warst du?«

»Ja, ich wuchs bei meiner Oma auf, die Hebamme war. Eine wunderbare, warmherzige Frau. Meine Mutter musste zur Arbeit gehen, sie hatte nicht so viel Zeit für mich. Aber es waren gute Jahre. Ich mochte die kleine Stadt, ich ging gerne in die Schule, ich liebte meine Oma. Ich verstand nicht, warum meine Eltern im Juli 1984 beschlossen, nach Sizilien zurückzukehren. Ich war noch nicht ganz vierzehn Jahre alt. Wir fuhren im Zug von Stuttgart nach Mailand, von Mailand nach Syrakus. Auf der Strecke von Messina nach Syrakus habe ich nur geweint.«

»Als ich dich das erste Mal traf, Dora, kurz nach meiner Ankunft, hielt ich dich für eine Deutsche. So blond ist deine Aura, so makellos dein Deutsch. Ich frage mich, was deinen Vater geritten hat. Denn es ist ja ein enormer Entschluss, dich aus der Schule zu nehmen, die Familie aus allen vertrauten, auch gesicherten Lebensverhältnissen zu reißen und nach Syrakus zurückzukehren. Nur weil er von dort kam und weil seine Mutter dort lebte?«

»Für mich war es hart. Ich kannte Sizilien von ein paar Ferienaufenthalten, aber es war nicht meine Heimat. Konnte es auch gar nicht sein. Die Freundinnen fehlten. Alles war anders als in Deutschland. Das Essen. Das Verhalten. Das Licht. Die Sprache. In Böblingen hatte ich nur Deutsch gesprochen. Plötzlich gab es überhaupt kein Deutsch mehr. Ich wollte diese Sprache aber nicht vergessen, auch wenn ich nun ausschließlich Italienisch reden musste, bei der anderen Oma in Syrakus, in der Schule, bei all den Verwandten.«

»Ich muss dich noch einmal fragen: Wie erklärst du dir diesen Entschluss, alles fahren zu lassen und zu versuchen, in Sizilien wieder Fuß zu fassen?«

»Meine Eltern meinten, dass ich, wenn ich bliebe, durch und durch eine Deutsche würde, und das passte meinem Vater nicht. Und sie meinten auch, dass die Sitten in Deutschland zu locker seien. Ich wäre nicht behütet genug, ich würde leicht zur Beute deutscher Männer.«

Jetzt kichert Dora.

»Das war natürlich sehr komisch, denn kaum in Syrakus angekommen, lernte ich Alberto kennen, wir verliebten uns, und mit siebzehn war ich schwanger.«

»Du warst doch bei den Ursulinen in Ortigia, unter ihrer Aufsicht. Wie konnte denn das geschehen? Waren die Nonnen so lax?«

»Ich liebte Schwester Celeste. Sie brachte mir Italienisch bei. Sie verstand meine Unruhe, versuchte aber umso mehr, mir moralische Grundsätze einzutrichtern. Dazu musst du wissen, dass wir in der Neustadt wohnten. Mein Schulweg führte jeden

Morgen über den Corso Umberto und die Brücke nach Ortigia, am bourbonischen Gefängnis vorbei, das damals noch in Betrieb war, mit einer Menge zeternder Frauen vor den Gittern, die die Namen ihrer inhaftierten Männer riefen. Und in der Via Nizza hatten die Prostituierten noch ihre kleinen Häuser. Sie saßen in der Tür, im Negligé, mit geöffneten Beinen, und die Nonnen riefen uns zu: ›Schaut nicht auf die Frauen, schaut auf das Meer!‹

In der Schule«, fuhr Dora fort, »war ich ein Sonderfall. Meine Mutter mutierte in Syrakus von einer Deutschen zu einer Amerikanerin. Da ich blond war mit grünen Augen, wurde ich ›die Tochter der Amerikanerin‹ genannt.«

Da war etwas dran. Ich konnte mir Dora, noch bevor ich ihre Geschichte kannte, als Personalchefin eines Luxushotels in Plemmirio vorstellen oder als Leiterin des Vorstandsbüros eines hiesigen Konzerns. Sie hat etwas sehr Gewinnendes im Auftreten. Tatsächlich arbeitete sie, als ich sie kennenlernte, als Assistentin bei einem Zahnarzt auf dem Corso Gelone. Dann machte sie sich selbstständig. Nun arbeitet sie als Dolmetscherin und Lehrerin für schwächelnde Deutschschüler. Oder sie übersetzt, wie für mich beim Notar, als ich die Wohnung kaufte. Nach und nach entstand zu ihr und zu ihrem Mann Alberto, der beim Katasteramt der Stadt arbeitet, eine Freundschaft. Da ich kein Auto hatte, nahmen sie mich zu Fahrten zu IKEA in Catania mit und zeigten mir, was noch viel wichtiger war, schöne Strände in der Umgebung von Syrakus, die ich alleine nie entdeckt hätte. Bis heute bin ich den beiden dankbar, denn sie haben mir den Einstieg in mein sizilianisches Leben sehr erleichtert.

5.

Dora hat eine Schwäche für den Schauspieler Enrico Lo Verso, der in der Tat sehr gut aussieht. Der Odysseus-Typ, braun, sehnig, Barthaare, die sich zu kleinen melierten Löckchen runden. Er hat, in Syrakus geboren, in zahllosen Filmen gespielt und auch einige Fernsehserien aufgemischt. Die Syrakusanerinnen himmeln ihn an. Einmal hatte ich mir von ihm für Dora ein Buch signieren lassen, Erzählungen von Pirandello, und sie war hin und weg. Mit einem Monolog von Pirandello hatte er im Dezember 2016 das Teatro Comunale von Syrakus aus einem langen Dornröschenschlaf geweckt.

Freunde, die mich besuchen, erkundigen sich stets nach den Euripides-Aufführungen im Griechischen Theater. Sie wissen nicht, dass die Stadt zwei stattliche Theater besitzt, nicht nur das in Kalkstein gehauene, für 15 000 Besucher gedachte antike Theater, sondern eben auch das hübsche Stadttheater, das an der Via del Teatro Ecke Via Roma liegt, knapp 500 Personen fassen kann, davon 200 in den roten Plüschsesseln im Parkett.

»Wir müssen das Theater reanimieren«, sage ich zu den Freunden. »Im Jahr 1872 wurde es mit dem *Faust* von Gounod eröffnet, und 1958 wurde es geschlossen, mit einer Aufführung der *Cavalleria rusticana*. Das ist lange her, und so lange ist das Theater nun schon tot. Es gab einen Versuch der Wiederbelebung. Mit Enrico Lo Verso. Das lief ganz gut. Das kleine Theaterstück wurde an fünf Abenden gespielt. Dann gab es einen Jazzabend, ein paar Konzerte mit klassischer Musik, und dann verebbte alles wieder. Wir müssen die Dinge in die Hand nehmen!«, rufe ich den Freunden von Neuem zu. »Du, Adriano, übernimmst die Intendanz. Du sprichst italienisch, das ist lebenswichtig. Du wirst mit dem *assessore della cultura* verhandeln. Über Zuschüsse. Und du, Rüdiger, Ruggiero, übernimmst Werbung und Ticketverkauf. Und ich werde das Café anwerfen!«

»Warum ist denn dieser Kick-off vor fünf Jahren nicht gelungen?«

»Ich weiß nicht. Die Stadt hat das Bildungsbürgertum verloren. Die Mittelschicht gibt es nicht mehr. Heute richten sich alle, fast alle am Tourismus aus. Im Sommer sind die Menschen unendlich fleißig und jagen dem Geld hinterher, im Winter sind sie erschöpft und haben kein Interesse, ein Theaterstück anzuschauen.«

Adriano hebt belehrend den Finger. »Es gibt noch eine andere Erklärung für den Stillstand, für den Winterschlaf. Es heißt, auf dem Theater laste ein Fluch. Auf dem Grund, auf dem es steht, hat ein Benediktinerkloster gestanden, Monastero di nostra Signora dell'Annunziata, und auch der Palast eines katholischen Würdenträgers. All das wurde abgerissen, das Material für den Bau des Theaters verwendet. Angeblich gab es juristische Scharmützel, und am Schluss stand der Musentempel da, in diesem neoklassischen Stil, der kurz vor 1900 in ganz Italien Furore machte.«

Ich gebe nicht auf. »Es soll bald einen Tag der offenen Tür geben. Ihr müsst euch vor allem das Theater von innen anschauen. Eine kleine, schwindsüchtige Kopie des Palais Garnier in Paris. Aber hübsch. Und wirklich zauberhaft der Bühnenvorhang. Er zeigt Daphne in einem von Nymphen bevölkerten Wald, ein Verweis auf die bukolische Dichtung, die hier in Syrakus mit dem großen Theokrit ihren Anfang nahm.«

Jetzt fangen die Freunde endlich Feuer. Ich zeige ihnen Fotos vom Parkett und von dem bemalten Kuppelgewölbe.

»Wie könnte denn ein Spielplan aussehen?«, ruft Ruggiero.

»Kammeroper?«, meint Adriano. »Dafür scheint mir, wenn ich die Fotos anschaue, der Orchestergraben gerade groß genug. *Erwartung* von Schönberg, Einakter von Dallapiccola und Luciano Berio. In der Richtung.«

Ich tippe mit dem Zeigefinger an die Stirn. »Piano. Piano. Es darf nicht so verkopft sein. Spätromantische Musik. Das passt hier gut. Und vielleicht Lieder. Und Lyriklesungen. Schließlich war Quasimodo Sizilianer. Ungaretti. Montale. Luzi. Gelesen von Schauspielerinnen mit Tremolo.«

6.

Auf dem Gelände von San Giovanni Battista, der gotischen Kirche ohne Dach, auf die ich seit meiner Ankunft jeden Tag von meiner Terrasse aus blicke, mit ihrer leicht asymmetrisch gesetzten Rosette, was die Fassade leicht schielen lässt, stand im frühesten Mittelalter die Synagoge von Ortigia. Nicht grundlos heißt das ganze Viertel um die Piazza del Precursore *la Giudecca*, das jüdische Viertel. Eine Bürgerinitiative hat unter die Marmortafeln mit den italienischen Namen der Straßen und Plätze die hebräischen Namen auf weiteren Tafeln angebracht. So erfahren wir, dass die Via Minniti um 1400 *Ruga della Meschita* hieß, die Via Alagona *Platea Vechiá*, das letzte Vicolo della Giudecca *Ruga delli Bagni* und die Piazza del Precursore *Gía Platea Parva*. Jahrzehntelang war heftig umstritten, ob sich die Synagoge wirklich hier befand, also mehr oder minder auf dem Grund, auf dem heute die Chiesa San Giovanni Battista steht, oder ob sie sich nicht eher auf dem Gelände erhob, auf dem heute die Chiesa di San Filippo Apostolo steht. Anna Daniele di Bagni, eine couragierte Aktivistin, die auch die total verschütteten hebräischen Bäder in achtzehn Metern Tiefe in der Via Alagona entdeckt und wieder zugänglich gemacht hat, fand eines Tages in der Apsis von San Giovanni eine Steintafel mit hebräischer Inschrift, die vor ihr niemandem aufgefallen war. Diese Inschrift erwähnt die Synagoge von Siracusa, »gründend auf Recht und Glauben«. Wenig später fand sie eine weitere Inschrift, die von der Schenkung von Land für die Synagoge spricht.

Vom jüdischen Leben in Ortigia haben wir kein genaues Bild. Wir wissen nur, dass es am Anfang des Jahres 1492 ein jähes Ende nahm. Ein von Isabella von Kastilien und Ferdinand von Aragonien erlassenes Edikt ordnete die Vertreibung der Juden aus allen Territorien der spanischen Krone an. Sizilien gehörte dazu. Von einem Tag auf den anderen mussten die jüdischen Familien Ortigia, Syrakus und alle anderen sizilianischen Städte verlassen. Die spanischen Machthaber benahmen sich wie gnadenlose Kolonialherren. Sie konfiszierten jüdisches Gut, rissen ihre Gebäude nieder oder überbauten sie. So gut wie nichts aus dieser Zeit ist erhalten geblieben, und selbst das wurde unkenntlich gemacht. So gab es zum Beispiel nicht weit von meiner Wohnung entfernt einen öffentlich zugänglichen Raum zu ebener Erde mit einem städtischen Wasserspender. Die Umrisse eines mittelalterlichen jüdischen Ladens waren noch gut erkennbar: der Eingang, die Auslage, eine Theke, über die dem Kunden die Ware zur Straße gereicht wurde. Vor zwei Jahren wurde die Fassade aufgebrochen, und die

Wände wurden mit riesigen Warenautomaten abgedeckt und in grelles Neonlicht getaucht. Einmal mehr hat die Stadtverwaltung bewiesen, dass sie ohne Sinn und Verstand Konzessionen vergibt.

Viele Gebäude in der Giudecca haben Verwandlungen mitgemacht, ihr Äußeres aber bewahren können. Dazu zähle ich auch die Chiesa San Giovanni Battista, besonders nach ihrer Entweihung im Jahr 1865. Sie diente als Quarantänestation, als Militärbaracke, später als Kohlelager, als Sammelstelle für Bauholz, als Mülldeponie und dann wieder als Lagerstätte für Kohle. 1959 nahm INDA, die Organisation, die sich um die Aufführung antiker Stücke im Griechischen Theater kümmert, den Kirchenraum in ihre Obhut, reinigte und nutzte ihn für Konzerte und kleinere theatralische Formate. Schließlich diente die Kirche dem Teatro dei Pupi als Aufführungsort, bis sie von der Nachbarkirche San Filippo wieder übernommen wurde. Heute finden sehr selten Gottesdienste statt, umrahmt von zaghaftem, unreinem Chorgesang. Die Chiesa hat sich aber zum absoluten Lieblingsort für Hochzeiten entwickelt. Von Mai bis Ende September wird fast täglich geheiratet, und die Kirche streicht stattliche Mieten ein. Hochzeiten in südlichen Ländern beschäftigen ganze Industrien – vom Blumenschmuck bis zum elaborierten, acht Meter langen Brautschleier, vom gemieteten, weiß bereiften Bentley bis zum Fotografen mit neuester Drohnenausrüstung. Die Familien von Braut und Bräutigam, die allesamt in festlicher Kleidung vor dem Kirchenportal paradieren, ruinieren sich finanziell meist auf desaströse Weise und versuchen, mit Fächern dem Schweiß auf Stirn und Hals Einhalt zu gebieten und trotz allem den Freudenlärm zu genießen. Im Grunde aber, man sieht es ihnen an, warten sie ungeduldig auf das Ende der endlosen Zeremonie und der wortreichen Glückwünsche der Verwandten.

7.

Caravaggio kam 1608 in Syrakus an. Er war siebenunddreißig Jahre alt, gehetzt, ein Flüchtling aus Malta. Zwei mächtige Institutionen waren ihm auf den Fersen, der Vatikan und der Johanniterorden. Was war passiert?

Einer seiner frühen Biografen, Giovan Pietro Bellori, nennt in seiner 1672 erschienenen *Vita di Michelangelo Merisi da Caravaggio* wenig konkret »den Streit mit einem sehr vornehmen Cavaliere« als Grund für seine Einkerkerung auf Malta. Wir wissen aus vielen Berichten, dass Caravaggio jähzornig war, ein Raufbold, der sich im nächtlichen Suff gerne auf ein Duell einließ und nie genau wusste, wann es genug war. Schon in Rom wurde er wegen einer Prügelei vom Papst zum Tode verurteilt. Freunde von Einfluss verschafften ihm eine Einladung des Johanniterordens nach Malta. Dort traf er im Juli 1607 ein. Zunächst ließ sich alles gut an. Der Großmeister des Ordens, Alof de Wignacourt, war von dem Künstler und seinem Werk so begeistert, dass er sich von ihm porträtieren ließ und vom Vatikan nach mühseligen Verhandlungen die Erlaubnis erwirkte, ihn zu einem Ritter des Ordens zu machen. Aber dann kam es zum Zwist mit einem Ordensbruder. Das alte Muster: Caravaggio brachte diesem Cavaliere schwere Verletzungen bei, wurde verhaftet und im stark bewachten Verlies des Fort St. Angelo eingelocht. Wie er aus diesem Hochsicherheitstrakt fliehen und in derselben Nacht auch noch ein Schiff nach Sizilien finden konnte, bleibt ein Rätsel. Der naive Bellori meint, er sei »nachts über die Gefängnismauern geklettert und unerkannt so schnell geflohen, dass ihn niemand einholen konnte«. Der enttäuschte Wignacourt entzog ihm die Ritterschaft. In Syrakus half ihm eine frühere Bekanntschaft aus römischen Tagen, der Maler Mario Minniti. Er bot ihm Unterkunft und knüpfte Verbindungen zum Senat der Stadt. Dieser gab Caravaggio schließlich den Auftrag, für die gerade restaurierte Kirche Santa Lucia al Sepolcro ein Altarbild zu malen, ein Bild, das das Begräbnis der Stadtheiligen zum Thema haben sollte.

Es ist ein mächtiges Bild geworden, drei Meter breit und mehr als vier Meter hoch. In einem hohen Gewölbe, wahrscheinlich eine Darstellung der Katakomben unter der Chiesa Santa Lucia, sehen wir eine düstere, von zwei hünenhaften Totengräbern beherrschte Szene. Die Heilige liegt auf dem Boden. Sie ist klein, zierlich, eine Leiche, ein Mensch. Sehr schmächtig im Vergleich zu den schweren, muskulösen Körpern der beiden Männer, die gerade begonnen haben, mit ihren Schaufeln das Grab auszuheben. Caravaggios Lichtregie ist genial. Er scheut keinen Effekt, um das Dramatische der Situation zu steigern, bis hin zu einem Lichtkringel auf der kleinen weißen Nase der Heiligen. Caravaggio will Mitgefühl mit dieser geschundenen Figur erwecken, dem Betrachter Respekt abnötigen vor dem gequälten Leib. Am Hals des Leichnams sehen wir die Schnittwunde, die von dem Dolchstoß herrührt, einer der vielen Torturen, die sie durchlitten hat.

Als ich dieses Bild zum ersten Mal sah, war ich enttäuscht. Ich mochte es nicht. Ich hatte etwas anderes erwartet, nicht etwas so Niederziehendes. Erst nach und nach verstand ich, dass es Caravaggio nicht um die glorreiche Märtyrerin ging. Er wollte die beklemmende Realität einer Beerdigung einfangen, bei der die Totengräber die Hauptakteure sind. Ihre kraftvollen Arme und Beine bilden einen fast vollkommenen Kreis um die auf dem Boden liegende Frau. Ich reihe mich in die Schar der Trauernden ein, die einen weiteren Kreis, einen Halbkreis um die Tote, bilden. Unter ihnen der Bischof mit einer spitzen Mitra und ein junger, hübscher Priester, dessen Schultern von einer langen blutroten Stola bedeckt werden. Er ist der Einzige, der unverwandt auf Lucia hinabblickt und auch meinen Blick auf sie lenkt.

8.

Wer ankommt, niemanden kennt und nicht gleich weiterwill, geht meist in ein Hotel. Bis ich in die Wohnung an der Piazza del Precursore einziehen konnte, und noch zuvor, als ich auf Wohnungssuche war, hatte ich in diversen Hotels in Syrakus genächtigt, meist in dem Hôtel des Étrangers bei der Fonte Aretusa, das in meinem *Baedeker* von 1934 Erwähnung findet und mit einem prächtigen Blick über den Porto Grande lockt, dann im blassblau gestrichenen Hotel Gutkowski, dessen polnischer Name so gar nicht nach Ortigia zu passen scheint, und im Grand Hotel Villa Politi, einst das erste Hotel am Platz, nun eine alte Dame mit einigen Falten.

Maria Teresa Laudien, eine österreichische Adelige, ließ, nachdem sie den Mann ihres Lebens, den Maler Salvatore Politi, in Syrakus kennengelernt hatte, im Jahr 1862 die Villa Politi bauen, die wegen ihrer Lage am Rand der steil abfallenden Latomia dei Cappuccini und des fabelhaften Blicks über die zerklüftete Küste bis hin nach Ortigia schnell über die Grenzen Italiens bekannt wurde und sich zu einem Treffpunkt von Politikern, Künstlern und europäischem Adel entwickelte. Das imposante Gebäude, zunächst als Residenz der Familie Politi gedacht, mutierte rasch zum Hôtel de luxe. Winston Churchill wohnte hier, ein erstes Mal während der Invasion der Alliierten im Jahr 1944 und ein weiteres Mal im April 1955. Angeblich sagte er: *»I never slept so well in my life«*, ein Spruch, mit dem das Politi noch heute wirbt. Weitere berühmte Gäste waren die Schriftsteller Gabriele d'Annunzio und Edmondo De Amicis, der in seinem Tagebuch 1906 begeistert von den köstlichen Stunden berichtet, die er auf der Terrasse des Grand Hotel über den alten griechischen Steinbrüchen verbracht hat. Mehr als hundert Jahre später tummelte sich zwischen den weißen Säulen, die die Terrasse säumen, das Filmteam um den Regisseur Giuseppe Tornatore und die hinreißende Monica Bellucci, den Star des Films *Der Zauber von Malèna*. Sie schlief hier während der Dreharbeiten. Alte Postkarten zeigen die Auffahrt mit Karossen, die Eingangshalle mit sehr schweren Säulen und die Opulenz der im *Liberty Style* gehaltenen Speisesäle, einer italienischen Variante des Jugendstils. Dieser Name rührte von dem Liberty Department Store in London, der auf Stoffe und Porzellan aus dem Fernen Osten spezialisiert war und damals diktierte, was als Dernier Cri zu gelten hatte, auch in Syrakus.

Heute kämpft das Politi um sein Überleben. Die einst fantastische Lage ist nicht mehr, der Blick auf das Meer und auf Ortigia von drögen Apartmenthäusern aus den 1970er- und 80er-Jahren versperrt. Die Gegend rund um das Kloster der Kapuziner hat seine Anziehungskraft verloren, das Geschehen sich zum Corso Umberto und nach Ortigia verlagert. Dennoch besuche ich von Zeit zu Zeit die Terrasse des Politi und imaginiere mir Italo Svevo mit weißem Strohhut herbei. Aber so viele *negroni* ich auch bestelle, sie werden das Politi auf lange Sicht nicht retten können.

Auch in die Geschichte des Hotel Gutkowski spielt eine Adelige hinein, in diesem Fall eine sizilianische Adelige, *la Marquesa*, die immer noch in aller Munde ist, ihres Reichtums und ihres Lebenswandels wegen. Ihr gehörten enorme Ländereien in Cassibile und Avola und bei Catania. Und hinter vorgehaltener Hand wurde erzählt, selbst in der Nonnenschule, wie mir Dora berichtet, dass sie der Libertinage nicht abgeneigt gewesen sei. Ein Freigeist. Ihre Vorliebe für tiefroten und violetten Plüsch belege das. In der Tat wurde vor hundert Jahren in Sizilien roter Samt mit Frivolität und Käuflichkeit assoziiert. Diese muntere *Marquesa* lernte einen polnischen Offizier kennen, der Gutkowski hieß. Sie verliebte sich in ihn und gab der männlichen Entourage, die sie umtänzelte, den Laufpass. Paola, ihre Enkelin, eine agile, attraktive, nervöse Person, hat das Hotel gegründet und führt es, offen für neue Ideen. Den Berliner Designer Herbert Weinand, der sich vor Jahren am Rande des Ätna niedergelassen hat, ließ sie Tische und Regale für ihr Hotel entwerfen. Aus Militello, einem Barockstädtchen bei Catania, holte sie einen jungen, talentierten Koch, der Abend für Abend mit ausschließlich lokalen Produkten erstaunliche Gaumenvergnügen auf den Tisch zu zaubern weiß.

9.

Die Vergnügungen des Geistes aber beschert Vincenzo Consolo. Bei uns ist dieser sizilianische Schriftsteller, ein Freund von Leonardo Sciascia und Gesualdo Bufalino, vor allem durch seine Romane *Die Wunde im April* und *Das Lächeln des unbekannten Matrosen* bekannt geworden, um bald wieder in Vergessenheit zu geraten. In den letzten Tagen habe ich ein zweites Mal *Die Steine von Pantalica* gelesen. Dieser Band versammelt Geschichten und Reportagen, überwiegend in den 1980er-Jahren geschrieben, als Sizilien wirklich der verwahrloste Hinterhof Italiens war und in Palermo die Mafia ein entsetzliches Blutbad nach dem anderen anrichtete.

Consolos Geschichten befassen sich mit dem Untergang des griechischen Siziliens, mit der Zerstörung der Umwelt, mit der Ausbeutung der Bauern und Arbeiter, der Niedermachung ihrer Aufstände, mit vielen weiteren Trostlosigkeiten. Was die Erzählungen zusammenhält, ist Consolos Sprache, ein akuter Sinn für die Zärtlichkeit und Sinnlichkeit der Worte, für bestürzende Fügungen, für lyrische Aufschwünge, für einen unkonventionellen Satzbau, der uns aus der Bahn werfen kann. Zwei Passagen haben es mir besonders angetan.

Die eine schildert die Steinbrüche in Cusa, wo aus dem Tuffstein gewaltige Blöcke herausgehauen und zu Trommeln für die Säulen der dorischen Tempel in Selinunt verarbeitet wurden. Die Entfernung der *Cava di Cusa* zum Tempelbezirk beträgt rund zehn Kilometer. In Cusa liegen unter den uralten Olivenbäumen gigantische Trommeln herum, wie Findlinge, wie nicht abgeholtes Spielzeug von Riesen, weil ein Erdbeben oder ein feindlicher Feldzug die Fortsetzung an den Tempelarbeiten verhindert hatte.

Die andere Passage handelt von Syrakus. Consolo besucht eine Aufführung der *Iphigenie auf Tauris* von Euripides (ein Stück, das er gemeinsam mit dem Gräzisten Dario Del Corno ins Italienische übersetzt hat) im Griechischen Theater und erinnert sich an seinen allerersten Besuch im Jahr 1950: »Damals war ich Schüler eines Dorfes namens Barcellona in der Gegend von Messina; mit meinen Mitschülern wurde ich nach Syrakus gekarrt, wir sollten Aufführungen der Klassiker sehen. In jenem Jahr wurden *Die Bacchantinnen* von Euripides und *Die Perser* von Aischylos gespielt. Ich weiß noch, dass weder meine Aufmerksamkeit noch meine Betroffenheit den Tragödien galt, sondern der Stadt Syrakus. Ich fand sie wunderschön. Nicht wegen ihrer griechischen Altertümer oder nicht nur deshalb, sondern wegen ihrer mittelalterlichen und barocken Bauten, ihrer modernen Gebäude, wegen ihrer Lebendigkeit, ihrer Atmosphäre, ihres besonderen Charmes, wegen ihrer Kultur.« Und weiter schreibt Consolo: »Ich weiß noch, dass ich aus einem plötzlichen Verlangen, wie es Jugendliche verspüren und in Vorsätzen ausdrücken, deren Verwirklichung im Bereich des Möglichen zu liegen scheint, mir selbst feierlich gelobte, als ›Erwachsener‹ nach Syrakus zu ziehen und mein ganzes Leben in dieser Stadt zu verbringen.«

Das war 1950. Dreißig Jahre später war diese Liebe ausgekühlt, so gut wie erloschen. Vincenzo Consolo findet die Stadt roh, geradezu barbarisch. Als er das Griechische Theater verlässt, nimmt er nichts als Elend und Zerstörung wahr: »Die Ölraffinerien von Melilli und Priolo an den Pforten der Stadt haben Syrakus vergiftet und zerfressen. Das Schauspiel, das der alte Stadtkern, die Insel Ortigia bietet, ist noch deprimierender. Die wunderschöne mittelalterliche Stadt, die Renaissancestadt, die barocke Stadt, die Stadt des 19. und des beginnenden 20. Jahrhunderts, all das ist völlig heruntergekommen: eine verfaulte, verrottete Stadt. Das Syrakus, das ich dreißig Jahre zuvor gesehen hatte, die Stadt, in der ich leben wollte, gibt es nicht mehr.«

So untröstlich ist Consolo, dass er hofft, durch Anrufung der Namen aller Straßen, Plätze, Palazzi, all der Menschen, die er kennt, aller Kaffeehäuser und Trattorien »sein« Syrakus wieder herbeibeschwören zu können.

Und heute, noch einmal vierzig Jahre später? Die Wachtelinsel hat eine weitere Wandlung erfahren. Ortigia ist nicht mehr so verwahrlost, wie Consolo sie uns schilderte. Ältere Gebäude wurden sorgfältig restauriert und Teile der Giudecca gentrifiziert. Und dem Zauber des leicht geschwungenen Domplatzes und der Uferpromenaden und der Durchblicke auf das Meer kann man sich ohnehin nicht entziehen. Selbst mir, der nun schon lange hier lebt, scheint manche Gasse, mancher Platz als fast zu »malerisch«. Die Armut, den Schorf und die Verlotterung, wie sie Consolo geschildert hat und wie sie auch noch in den Erinnerungen von Dora als Schülerin auftauchen, gibt es heute nur noch in Graziella, dem Viertel hinter dem alten Bourbonen-Gefängnis, wo die Migranten und die Ärmsten der Fischer und Handwerker wohnen. Käme der Schüler Consolo heute nach Syrakus, er würde, ich bin mir sicher, wieder den Entschluss fassen, sein ganzes Leben in dieser Stadt zu verbringen.

10.

Als ich auf Ortigia ankam, vor nun schon sechs Jahren, war die Wachtelinsel eine Katzeninsel. Es gab Katzen überall. Sie rekelten sich auf heißen Autodächern, schliefen in Tontöpfen zwischen vernarbten Opuntien, sie bewachten den Hintereingang des erzbischöflichen Palazzos, schlängelten sich durch den Verkehr oder spielten im abgesperrten Bezirk des Apollo-Tempels das Spiel von der unzerstörbaren Eleganz.

Eines Tages, als ich einmal mehr aus Berlin komme, um mich für einige Zeit an der Piazza del Precursore niederzulassen, fällt mir im Stadtbild auf, dass es keine Katzen gibt. Nirgends. Wie vom Erdboden verschluckt. Anfangs suche ich nach ihnen, gehe zu den Orten, wo ich sie immer angetroffen habe. Die Suche bleibt vergeblich. Ich frage Monteleone, Dora, Signora Ricutto, einen Tierarzt, an dessen Praxis ich täglich vorbeigehe, unseren Makler. Es macht mich wahnsinnig, keine klaren Antworten zu erhalten. Oder heuchlerische: »Gibt es wirklich keine Katzen mehr? Gestern habe ich doch noch eine gesehen.« »Eine Seuche vielleicht?« »Oder zu viel Rattengift?« »Du musst nur ein wenig warten, sie vermehren sich so schnell.«

Warum diese Scheu, die Dinge beim Namen zu nennen? Warum sich hinter der Stadtverwaltung verstecken, die, das war mir klar, einen Massenmord durchgeführt hatte? Von meinem Nachbarn Monteleone kommt die absurdeste Erklärung. Ein großer Zirkus habe vor den Toren der Stadt seine Zelte aufgeschlagen. Nachts hätten die Zirkusleute alle Katzen eingesammelt, weil sie Fleisch für die hungrigen Löwen brauchten.

Die allereinzige Katze, die es noch gibt, ist aus Stein, eine heraldische Katze in einem Wappenrund über dem Eingang zum Cortile Verga in der Via della Maestranza. Sie lächelt traurig auf die Straße herab, mit aufgestellten Ohren. Sie belächelt traurig die Debatten im Stadtparlament: »Wie werden wir der Plage Herr?«, fragt da einer. »Wie könnte ein Sterilisierungsprogramm aussehen?« »Wir müssen alle Katzen von der Straße holen und in sichere Obhut bringen.« »Was heißt denn das, du Zyniker?«, entgegnet ein anderer. »In den Tod?«

Nach ein paar Tagen entdecke ich in einem Ruinengrundstück dann doch zwei Katzen, die das Massaker offenbar überlebt haben. Sie werden von Antonella umsorgt, die die Überlebenden füttert und pflegt. Meist kommt sie mir in der Via Logoteta entgegen, mit einer knisternden Tüte Trockenfutter unter dem Arm. Sie sieht wie eine *clocharde* aus, ungekämmtes Haar, braune Zähne, eine zerschlissene Jacke von undeutlicher Farbe, ein weiches Herz.

Nach und nach erfahre ich, dass Antonella aus einfachen Verhältnissen kommt, der Vater ein Landarbeiter, sie auf der Dorfschule aber so gut war, dass der Lehrer sie für das Lyzeum vorschlug. Zwei Dinge fallen an ihr auf: die trotz ihres Alters hellwachen, ja blitzenden Augen und ein funkelnder Ring am Mittelfinger der linken Hand. Das Gold umfasst eine kleine Gemme aus dunklem Karneol. In ihn ist ein Delfin eingraviert, schwer zu erkennen, doch bei Lichteinfall leuchten Leib und Flossen kurz auf und stellen eine Verbindung zu Arethusa her. Wovon Antonella lebt, weiß niemand. Durch Zufall bekomme ich mit, dass sie vier Ferienwohnungen besitzt, deren coole Inneneinrichtung (ich linste durch eine Tür) so gar nicht zu ihrer Erscheinung passt. Hinter dem Rathaus bei den Resten des Ionischen Tempels hat sie eine Art Katzengarten eingerichtet, mit Schlafplätzen, Trinkschüsseln und Futterplätzen. Vor dem Massaker hatte sich hier an manchen Abenden ein Dutzend Katzen getummelt, jetzt sind es zwei, dann drei.

Nach ein paar Wochen taucht noch eine andere Katzenfrau auf, in der Via della Giudecca, eine weißhaarige Gnomin, begleitet von zwei Katzen, die sich wie Hunde verhalten, von ganz unkätzischer Anhänglichkeit. Die eine Hundekatze ist rothaarig, die andere plusterig und dreifarbig, mit einer breiten schwarzen Maske um beide Augen, was sie wie Zorro aussehen lässt. Einfach hinreißend. Und bei der Roten fällt mir ein Sprichwort ein, das ich hier schon öfter hörte: »Rotes Fell, böses Fell.« Denn die Roten sollen Unglück bringen.

11.

Ich habe über die Jahre ein Konvolut alter Postkarten zu Syrakus und Umgebung zusammengekauft. Auf einer der Postkarten sind die beiden Säulen des Tempels des olympischen Zeus abgebildet, der zeitgleich mit dem Apollo-Tempel in Ortigia, also im 5. Jahrhundert v. Chr., errichtet wurde und über den Porto Grande hinweg rund drei Kilometer von der Insel entfernt in der Nähe der Flüsse Anapo und Ciane liegt. Der Tempel muss gigantisch gewesen sein. Je sechs Säulen auf der Breit- und siebzehn Säulen auf der Längsseite. Von diesem Koloss sind nur zwei Säulenstümpfe und einige Quader vom Sockel geblieben. Auf der Postkarte hat es sich eine kleine Wandergruppe auf diesen Quadern gemütlich gemacht. Zwei Herren in korrekten schwarzen Anzügen plaudern mit einer

Dame in langem Wintermantel, neben ihr ein Hund. Es muss Herbst oder bereits Winter sein. Die Bäume haben keine Blätter mehr. Ein Mann gießt dem anderen aus einer Karaffe etwas in ein Glas. Auch mit meiner Lupe kann ich nicht ausmachen, was es ist: Wein? Likör? Oder schlicht Wasser?

Ich hatte immer wieder versucht, diese Säulen zu besuchen, und scheiterte immer wieder. Auch dieses Mal war das Tor der Schotterstraße mit einer Eisenkette versperrt. Links und rechts dorniges Gebüsch und unwegsames Gelände. Ich beschloss, den Lauf des Ciane hinunterzugehen, und schlug mich rechts durch hohes Gras, bis ich auf ein etwas höher gelegenes Plateau gelangte. Ich sog die Gerüche des Grases ein. Eine schöne grüne Eidechse verharrte in sommerlicher Dösigkeit. Auch auf eine der beiden Säulen, die ich endlich erreichte, hatten sich einige Mauereidechsen mit ihren langen Krallen im porösen Stein verankert. Die klugen schwarzen Stecknadelaugen, bildete ich mir ein, verfolgten meine Bewegungen. Ich hatte vom Markt ein paar reife Aprikosen in einer Papiertüte mitgenommen. Der Obstgeruch zog sie an, und es gelang mir, eine der schlanken Echsen auf meinen Handteller zu locken. Sie zupfte energisch an dem orangegelben Fruchtfleisch. Das fand ich viel aufregender als die beiden toten Säulen.

EINER VOM FELSEN

1.

Nur an ganz grauen Wintertagen kann Ortigia schäbig aussehen. Dann zeigen die Fassaden grauen Schimmel. Risse überall, Pilze. Moos arbeitet sich voran. Faulige Dächer auf verfaulten Häusern. Ein feuchtes Gespinst in der Luft, das gut zum verschossenen Schwarz der Soutane des Priesters passt. Alles von einer schwarzsilbrigen, unfassbaren Patina überzogen, wie sie nur Süditalien hinzaubern kann. Richtig schlimm wird es in den Außenbezirken. So viele Werkstätten, Fitnessstudios, asiatische Billigmärkte, Reifenhändler, Steinmetze mit schauderbarsten Skulpturen für Garten und Park, zwischendrin ein Bestattungsunternehmen und die Bar El Sole. Dann kann nur ein *negroni* trösten. Auf dem Tisch der Station Bar leuchtet er wie ein Glutkern mit Eiswürfeln, und aus der Ferne sieht er aus wie eine tief stehende Wintersonne. Der Weg zurück nach Ortigia durch den abendfeuchten Corso Umberto – über die Brücke auf die Insel, die ganz auf Steinen sitzt und aus Stein ist – lässt die Schiffe noch langsamer wirken als am Morgen. »Der ist vom Felsen«, sagen die Leute in der Neustadt von einem, der in Ortigia wohnt. Ich bin vom Felsen. Weil die Ränder enttäuschen und missfallen, muss ich in das alte Zentrum gehen, zum Felsen, zum Stein.

2.

Ich hatte es gar nicht mehr erwartet, aber eines heiteren Nachmittags, wir saßen im Caffè Minerva, lud mich der Baron in seinen Palazzo ein.

Am nächsten Tag stehe ich vor dem Tor. Er öffnet die hohen, schmiedeeisernen Flügeltüren höchstselbst. Ich habe einen Domestiken erwartet. Wie immer sieht er sehr adrett aus, trägt eine Weste aus gelbem Cord, die gut zu dem plissierten dunkelbraunen Halstuch passt und den kleinen, festen Embonpoint kaschiert. Er führt mich die Freitreppe hinauf, wir durchschreiten die, wie ich finde, zu stark restaurierte Hauskapelle und kommen in einen hohen, rechteckigen Saal. Von blassgrünen Wänden starren ausgestopfte Antilopenköpfe auf uns herab.

»Ich wusste gar nicht, dass du Jäger bist.«

»In meiner Jugend. In meiner Jugend«, wiederholt er. »Alles vorbei.«

Er schreitet auf ein Pianoforte zu, das in einer Ecke des Saales steht, neben einer ausladenden Sitzecke. Auf dem schwarzen Spiegel des Klavierdeckels stehen die unvermeidbaren Familienfotos in schnörkeligen Silberrahmen. Der starke Lichteinfall hat die Bilder bis zur Unkenntlichkeit verblassen lassen. Dennoch nimmt sich Lucio Tasca di Lignari die Zeit, mit seinem Cordärmel sanft über einige Gläser zu wischen und mir seine Mutter zu zeigen, auf einem Dressurpferd, inmitten einer Kinderschar und, auf einem weiteren Foto, alleine in schöner Pose und mit elegischem Gesichtsausdruck auf einer Gartenbank. Die Gestalt ist von den Rändern her fast weiß, erinnert mich an die solarisierten Porträts von Man Ray. Ein in uraltes Gelb übergehendes Weiß.

»Sieht sie nicht aus wie Lady Hamilton?«, sagt Lucio mit einstudiertem Überschwang. »Du weißt ja, sie wohnte kurze Zeit mit ihrem Gatten Lord Hamilton hier ganz in der Nähe, in dem Palazzo Beneventano am Dom, und Admiral Nelson kam sie besuchen. Ein *threesome.*« Er öffnet die Arme, kichert.

Auf einer der ausgebleichten Fotografien ist er selbst in einem Taucheranzug zu sehen. Er umarmt eine muschelverkrustete Amphore. Ein Fuß ruht auf einer am Boden liegenden Sauerstoffflasche, als wäre sie ein von ihm gerade erlegtes Tier.

»Nach der Jagd kam die Leidenschaft für die Archäologie und ganz besonders für die Unterwasserforschung. Ich belegte Tauchkurse und suchte die Nähe zu einem Archäologen aus der DDR. Gerhard Kapitän hieß er. Ein verrücktes Schicksal. Er hielt sich in Italien auf, als 1961 die Mauer gebaut wurde, und entschloss sich, nicht nach Ostberlin zurückzukehren, sondern sich in Syrakus niederzulassen.« Er deutet auf die Amphore auf der Fotografie. »Kapitän konnte stundenlang von Amphoren erzählen, er war ein manischer Forscher. Unter Wissenschaftlern sehr bekannt. Ein spätrömischer Amphorentypus trägt sogar seinen Namen.«

Ich habe diesen Namen, Gerhard Kapitän, schon einmal gehört, kann ihn aber nicht verorten. Lucio sagt mir, dass er 2011 hier in Syrakus gestorben sei. Persönlich kann ich ihn also gar nicht kennengelernt haben, da ich mein Domizil in Ortigia erst im Frühjahr 2015 bezog.

»Vielleicht hast du seinen Namen gehört im Zusammenhang mit dem berühmten Wrack von Marzamemi. Er war an der Bergung und Sichtung des im Schiff gefundenen Materials beteiligt. Eine seiner herausragenden Leistungen, für die er viel Zuspruch erhielt.«

Nach einer respektvollen Pause fährt er fort: »Komm, jetzt zeige ich dir *meine* Funde.« Er führt mich zu einer Art *studiolo* mit Glasschränken, Vitrinen und schönen Regalen aus rötlichem Holz, die bis zur Decke reichen. Alles ist vollgestellt mit Glasvasen, Tonkrügen, Scherben, Stücken von einem Marmorfries, Öllampen, Statuetten, Pfeilspitzen. Auch ein arg ramponierter Kouros ist da, der offenbar mehr als zwei Jahrtausende im Salzwasser verbringen musste. In einer Ecke lehnt ein großer Anker aus Stein.

»Diesen Anker schenkte mir eine Kollegin, die für ihre Sammlung von steinernen Ankern berühmt war. Sie hieß Honor Frost, eine Britin, die in Nikosia zur Welt kam, als Zypern noch britische Kronkolonie war. Sie war die eigentliche Pionierin der Unterwasserarchäologie, ein Vorbild für uns alle, selbst für Gerhard Kapitän. Auch für mich, obwohl ich in dieser Liga gar nicht mitspielte. Ich war und bin Amateur.«

Er schreitet die Regale ab, erläutert die Form der irisierenden Tränenkrüglein, die aus Marsala stammen, und geht noch einmal zu dem Anker zurück.

»Es ist verrückt, was die Leute alles sammeln. Honor galt nicht nur als Expertin für den antiken Schiffsbau. Sie war auch weltweit die Expertin für die Klassifikation steinerner Anker. Dieser hier ist mir wirklich sehr lieb«, seufzt er, »nur ist er sehr unhandlich.«

Der Baron merkt, dass seine antike Wunderkammer ihre Wirkung auf mich nicht verfehlt. Ich bin von dem Durcheinander von Schönheit und Kaputtheit in der Tat schwer beeindruckt.

»Der handlichste Teil meiner Sammlung«, fährt er fort, »auch der attraktivste sind natürlich die Münzen. Aber die sind, das sagte ich dir schon, auf dem Land. Versteckt in meinem Weingut. Dahin musst du auch mal kommen. Als Vorgeschmack kredenze ich dir jetzt einen *Moscato di Siracusa*.«

Er öffnet ein Schränkchen, an dem der Kouros lehnt, und holt eine Flasche Muskatwein und zwei Gläser heraus. »Die Rebsorte bauen wir dort an. Auf den ersten Anhöhen meiner geliebten Hybläischen Berge.«

»Cincin!«

»Saluti!«

»Ganz schön kräftig!«

»Ja, ein bisschen wie der Sauternes, den die Franzosen zur *foie gras* servieren.«

3.

Mittags kommt die Sonne durch die Wolken und legt ein breites Safranband auf das Meer. Der Palazzo Russo ist honigweiß. Seine Farbe erinnert an jene dünne weiße Schicht Zucker, die der Honig im Glas an der Oberfläche bildet. Am Eingang zum Bauernmarkt hohe, schräge Gestelle mit Kastanien vom Ätna: braune, schimmernde Kaskaden, schön anzusehen. Zurück zum Domplatz. Im Nachmittagslicht wird die Ausbuchtung zum Porto Grande hin besonders deutlich, ein sanft geschwungenes Halbrund, das mich von Neuem an den Bauch eines großen Schiffes erinnert. Vielleicht haben die barocken Stadtplaner wirklich daran gedacht – der Domplatz Grundriss eines prächtigen weißen Schiffes? Die Seite am Dom das Deck, die gewölbte Seite der Kiel?

Heute ist wieder der Musiker auf dem Platz. Er spielt auf einem alten, zerschrammten Akkordeon, aber das macht die Sache nicht besser. Sein Haar ist zerzaust, das Gesicht hat einen wirren Ausdruck. So wie er dasteht, erinnert er mich an ein Bild von István Farkas, das *Der Narr von Syrakus* heißt und im Nationalmuseum in Budapest an einer sehr prominenten Stelle hängt. Im Zentrum dieses Bildes, das Farkas 1930 gemalt hat, steht ein Mann in hellem Anzug auf einem weißen Weg. Auffallend der dichte, rötliche Bart. Der breitkrempige Hut. Dessen entsinne ich mich, und dass der Horizont des schwarzen Meeres sich krümmt. Dieses Meer schiebt sich mit einer langen schwarzen Zunge zwischen eine verdorrte, ockerfarbene Landschaft und einen schmutzigen, rosafarbenen Vulkan. Der Ätna. Mit Rauchwolke.

Auf dem Bild spielt der Narr kein Instrument. Er hebt den linken Arm, als wollte er etwas beschwören, das vom Meer kommt. In der rechten Hand hält er einen gezackten Stab wie ein Zepter, eine Waffe oder einen Zauberstab. Es könnte auch das lange, sägeartige Rostrum eines Sägefisches sein, die Zuspitzung seines lang gestreckten Rumpfes, der an einen Hai erinnert. Auf jeder Seite eines solchen Rostrums, das direkt vor den Augen des Fisches beginnt, stehen zur Spitze hin immer dichter vierzehn bis dreiundzwanzig Zähne. Ich beschließe, dass der Narr in seiner rechten Hand das gezackte Schwert eines Sägefisches schwingt.

Links von dem Mann ist in der Ferne ein Haus zu sehen, vor dem ein schwarzer Hund sitzt. Als ich das Bild das erste – und einzige – Mal in Budapest sah, dachte ich, dieser Narr sei van Gogh, nicht in der Gluthitze von Arles, aber in der brutalen Augusthitze von Syrakus. Es gibt Bilder von Francis Bacon, die den kaputten van Gogh mit auf den Rücken geschnallter Staffelei auf einer provenzalischen Landstraße zeigen. Hier hat sich van Gogh in den Verrückten von Syrakus verwandelt.

4.

Das Grab von August Graf von Platen war schwer zu finden. Ich wusste nur, dass es sich im Park der Villa des Grafen Landolina befand.

Dieser spielte im 19. Jahrhundert in Syrakus eine bedeutende Rolle. Er gehörte zur reichen Adelsschicht, war mäzenatisch tätig und hatte sich große Meriten um die Erforschung der Stadtgeschichte als Archäologe erworben. Jene pummelige Aphrodite, die auch »Venus Landolina« genannt wird und die Guy de Maupassant von Paris bis nach Syrakus reisen ließ, hatte er ausgegraben. Sie war nicht wirklich hübsch, hatte dicke Fesseln und zu runde Knie. Ferdinand Gregorovius beschreibt sie in seinem unnachahmlichen Stil: »Der Körper ist sehr in Fülle, der Unterkörper auffallend stark und kräftig; eine Venus für Michelangelo. Unter allen berühmten Gestalten der Liebesgöttin, der von Milos, von Capua, vom Kapitol, von Florenz, zeichnet sich die syrakusische am wenigsten durch Reiz, am meisten durch vollweibliche Schönheit aus. Ihre Bewegungen haben nichts von jener koketten Grazie der Venus von Florenz und Rom, sie ist ruhender in Fülle ihrer göttlichen Sinnlichkeit.« Den französischen Schriftsteller immerhin hatten die Grübchen dieser halb nackten Frau – sie hatte ein Gewand über ihre Scham gerafft – zu einigen Lustschreien auf dem Papier animiert. Heute ist sie das Schaustück im neuen Archäologischen Museum, eines hexagonalen Betonkraken, den man in den Park der Villa Landolina gesetzt hat, nachdem das Museum am Domplatz zu klein geworden war.

Als August von Platen auf der Flucht vor der Cholera im November 1835 in Syrakus eintraf, lag die Venus noch tief und unerkannt in der Erde. Platen kränkelte. Der Graf Landolina kümmerte sich aufopferungsvoll um ihn, stellte auch zwei Diener ab, die ihn rund um die Uhr pflegten. Doch wenig später, am 5. Dezember 1835, starb der Dichter an inneren Blutungen.

Zu jener Zeit gab es in Syrakus keinen Friedhof, der Protestanten aufnahm. Landolina machte sich ein Vergnügen daraus, eine kleine Sammlung nichtkatholischer Gräber in seinem Park anzulegen. Der fränkische Dichter war ihm ein willkommener Zuwachs. In einem italienischen Reiseführer heißt es noch 1968: *»il romantico cimitero dei Protestanti«*. Dieser Friedhof war nicht öffentlich, versteckte sich zwischen Steinbruch und Parkmauer. Als ich mich das erste Mal nach Platens Grabstätte erkundigte, wurde ich am Eingangstor des Parks von einem Mann, der auch die Tickets für das Museum verkaufte, barsch abgewiesen. Der Weg dorthin sei ungesichert, es bestehe Abrutschgefahr, der Zugang daher verboten. »Im kommenden Jahr vielleicht wieder möglich«, beschied er mich. Die Situation schien mir vertraut. Schon mehrfach war ich gescheitert, wenn ich die Grabstätten berühmter Leute ausfindig machen wollte. Nach dem Grab von Ezra Pound hatte ich auf dem Friedhof San Michele in Venedig stundenlang ohne Erfolg gesucht. Später wollte ich auf demselben Friedhof Luigi Nono, den Freund, besuchen. Er war dort gerade frisch bestattet worden. Der Friedhofsaufseher wusste immerhin, wer Nono war.

Er reichte mir einen Handzettel für Besucher. Auf dem Zettel war der Grundriss des Friedhofs abgedruckt, mit einem dicken schwarzen Filzstift machte er einen Punkt im *Recinto IV*: »Hier ruht er. Ein großer Sohn der Stadt.«

Erst beim dritten Anlauf gelang es mir, das Personal am Eingang zum Archäologischen Museum auszutricksen und in den hinteren Bereich des Parks zu gelangen. Der unbefestigte Pfad war völlig überwachsen und führte einen Hügel hinauf. Als ich die Suche fast schon aufgeben wollte, entdeckte ich direkt an der Felsmauer, die auch den Park begrenzt, das kleine Areal mit vier Gräbern. Eine Grabplatte für einen Amerikaner zeigt eine Trauernde im Halbrelief, die zypressenbekränzt über einer Urne weint. Daneben das bescheidene Grab einer Engländerin. Für Platen ließ Landolina noch im Jahr 1836 ein Denkmal aus verschiedenfarbigem Marmor in die natürliche Felswand einfügen. Anhängern des Dichters aus München und aus seiner Geburtsstadt Ansbach war dies aber nicht genug. Sie gaben eine Art Obelisk in Auftrag, eine viereckige, sich nach oben verjüngende Stele, die von einer überlebensgroßen Büste des Dichters gekrönt ist. Als ich dieser von Zikadengesirr umdröhnten Stele inmitten gertenschlanker Zypressen ansichtig wurde, fielen mir die bekannten ersten zwei Zeilen des *Tristan* wieder ein:

> Wer die Schönheit angeschaut mit Augen,
> ist dem Tode schon anheimgegeben

In Deutschland kennt den Grafen Platen kaum jemand noch. Ein paar Lieder, zwei, drei Ghaselen, die Fehde mit Heine, sein Bekenntnis zur gleichgeschlechtlichen Liebe. Fast scheint er in Syrakus präsenter zu sein als bei uns. Im Kassenraum des Castello Maniace liegt ein Buch mit einer Auswahl seiner Gedichte in italienischer Übersetzung aus. Der in Palermo ansässige Verlag Sellerio hat von Pino Di Silvestro einen langen Essay über das Sterben des Dichters in Syrakus veröffentlicht. Und die breite Straße, die von der Viale Teocrito an der Villa Landolina vorbei nach Norden führt, heißt nach wie vor Via Augusto von Platen.

Hier muss am 6. Dezember 1835 der Trauerzug entlanggezogen sein. Heinrich Wilhelm Schulz, ein Kunsthistoriker, der in Neapel Platen mit seinem italienischen Kollegen Giacomo Leopardi bekannt gemacht hatte, schickte an Gräfin Platen, die Mutter des Dichters, einen langen Bericht über die letzten Tage und die Bestattung ihres Sohnes: Vier schwarz gekleidete Pagen seien an den vier Seiten des »Staatswagens« mit dem Sarg, über den eine Brokatdecke gebreitet war, geschritten, zwei weitere Pagen hätten zu Seiten des Sarges gesessen, gefolgt von zwei Kutschen und einigen Freunden zu Fuß. »Eine zahllose Menge Volks umgab mitleidsvoll den Trauerzug« – damit schloss Schulz seinen Bericht. War es so? Schaulust, egal, wer zu Grabe getragen wurde? Oder übertrieb Schulz, um die Mutter zu trösten? Heute, fast zweihundert Jahre später, donnern Lastwagen über die Via Augusto von Platen und übertönen Zikaden und Erinnerungen.

5.

Viele Wege führen in Ortigia zum Markt. Meist nehme ich die Via della Maestranza bis zur Piazza Archimede und gehe dann den Corso Matteotti hinunter bis zum Apollo-Tempel, nicht ohne einen Halt im Caffè Viola, das mich an eine alte Shell-Tankstelle in Berlin erinnert und das beste, knusprigste *cornetto vuoto* der Stadt im Angebot hat. Möglich ist auch, an der Piazza Archimede die Via Dione zu nehmen, die ebenfalls zum Markt hinabführt. Schließlich läuft parallel zum Meer die Via Vittorio Veneto, die früher *Mastra Rua* hieß, am alten Bourbonen-Gefängnis vorbei zum anderen Ende der Marktstraße, dort, wo Fratelli Burgio seinen Feinkosttempel aufgeschlagen hat.

In der *Mastra Rua* 140 wohnten die Großeltern von Elio Vittorini. Wenn Elio nicht mit seinem Vater, einem Angestellten der staatlichen Eisenbahn, in der Provinz unterwegs war, lebte er hier, mit ständig wechselnden Mitgliedern der großen Familie. An der Fassade des bescheidenen, rosafarbenen, stark verwitterten Hauses ist eine Gedenktafel angebracht:

> In diesem Haus wurde am 23. Juli 1908
> Elio Vittorini geboren
> Verteidiger der Freiheit
> Herausragender italienischer Schriftsteller
> Eine Ehre für Syrakus, für Italien und für die Kultur
> Für immer dankbar feiert
> die Stadt seinen 75. Geburtstag

Wie oft habe ich diese Tafel schon gelesen auf meinem fast täglichen Gang zum Markt. Die *Mastra Rua*, die im mittelalterlichen Ortigia eine Hauptstraße war, wurde durch das große Erdbeben von 1693 zerstört, wie ganz Ortigia, und wenig später wieder vollständig aufgebaut, ein Nebeneinander von einfachen Häusern und kleinen Palazzi, feinen Beispielen barocker Architektur. Und so lebten auch Handwerker, Kleinbürger und Angestellte wie Elios Vater Seite an Seite mit dem kleinen Adel. In einer kurzen Autobiografie, die Elio Vittorini 1949 »für meine ausländischen Leser« verfasste, geht er auf das Syrakus seiner Kindheit ein:

> Syrakus ist eine Stadt von Seeleuten und Landarbeitern, auf einer kleinen Insel errichtet, die eine lange Brücke mit Sizilien verbindet. Hier wurde ich am 23. Juli 1908 geboren, in einem Haus, von dem aus ich, als ich sieben Jahre alt war, einen Dampfer voller Chinesen untergehen sah. Hinter dem Haus erstreckten sich die Bastionen über dem Meer, und hundert Meter weiter gab es einen Platz, auf dem die Bauern, die in unserer Nachbarschaft lebten, am Abend ihre Karren abstellten nach einem langen Arbeitstag. Ihre Tiere – Maulesel, Esel und Pferde – folgten ihnen nach Hause und schliefen dort von sieben Uhr abends bis drei Uhr früh, wenn sie wieder zur Arbeit gingen. In jedem Haus gab es einen kleinen Innenhof mit einem Holzgatter für die Tiere und einem Waschzuber aus Stein. Die Männer, die abends mit den Tieren nach Hause kamen, und die Frauen, die ihre Wäsche in dem Trog im Hof wuschen, waren meine Verwandten auf der mütterlichen Seite: Onkel, Tanten und Cousinen. Über die Verwandten väterlicherseits wusste ich wenig. Es gab

> nur Geschichten über sie, weil sie Seeleute waren. Mein Vater war bei der Eisenbahn angestellt. In dem Haus in Syrakus lebten wir nur, wenn er Urlaub hatte oder sich eine Auszeit vom Dienst nehmen konnte. Den Rest des Jahres verbrachten wir in kleinen Bahnhofsgebäuden mit vergitterten Fenstern und all der Ödnis um uns herum.

Trost und Ablenkung bot ihm die Literatur. *Robinson Crusoe* und *Tausendundeine Nacht* waren Lieblingsbücher. Mit seiner Schwester und seinen beiden Brüdern spielte er angeblich Szenen aus diesen Büchern nach, meist auf den Perrons der Bahnhöfe. Viel später, schon ein junger Mann, traf er im Bahnhof von Syrakus Rosa, die Schwester des Dichters Salvatore Quasimodo. Die Gedenktafel am Eingang des Bahnhofs, die dieses »Ereignis« festhält, habe ich bereits erwähnt. Die beiden verlobten sich. Eine Geschichte, die in Syrakus gern kolportiert wird, besagt, dass die beiden, weil das Hotel sich weigerte, ein unverheiratetes Paar aufzunehmen, ihre erste gemeinsame Nacht im Griechischen Theater unter dem Sternenhimmel verbrachten. Rosa verliert darüber in ihren Memoiren kein Wort.

Elio zog es bald weg von Syrakus. 1928 ging er nach Florenz, später nach Mailand. Nur sporadisch taucht Syrakus in seinen Werken auf. In seinem Roman *Die rote Nelke* wird die Piazza Duomo allerdings schon auf der ersten Seite beschrieben. Sein bekanntestes Buch *Gespräch in Sizilien* liest sich vom Rhythmus, von den knappen Sätzen her, die die Sprache zum Schaukeln bringen, wie eine Eisenbahnfahrt nach Syrakus als symbolischem Ziel.

Einmal noch kam Vittorini nach Syrakus. Das war im Jahr 1943. Die Stadt lebte in Furcht vor den Bombardierungen der Alliierten. Die Katakomben von Santa Lucia, San Giovanni und die weitläufigen unterirdischen Gewölbe unter dem Domplatz, von denen Gänge bis hinunter zum Großen Hafen sich verzweigten, dienten als Luftschutzkeller. Vittorini war gekommen, um alte Freunde für die Befreiungsfront zu gewinnen. Aber die früheren Genossen enttäuschten ihn. Sie waren Funktionäre geworden, angepasst oder, noch schlimmer, Sympathisanten von Mussolini. Nach wenigen Tagen fuhr er verdrossen nach Mailand zurück.

Syrakus und weite Teile Siziliens waren durch die Bombardierungen übel zugerichtet, die Menschen angeschlagen und verängstigt. Dokumentarfotos aus dieser Zeit zeigen Frauen, Männer, Kinder dicht gedrängt in den Hypogäen unter dem Dom. Es fehlen literarische Zeugnisse, die wir diesen beklemmenden Bildern zur Seite stellen könnten. Ich kenne nur die Tagebuchaufzeichnungen von Hanns Cibulka, der 1943, dreiundzwanzig Jahre alt, als Nachrichtensoldat mit der Wehrmacht in Sizilien war. Er berichtet von Kampfhandlungen, vom Fliegeralarm, von tief fliegenden Spitfires und viermotorigen britischen und amerikanischen Bombern, die von Bizerta in Tunesien aus gestartet waren: »Unter dem Dröhnen der Motoren zerbricht der Himmel in lauter blaue Stücke.« Da er die Nachrichtenkabel über Olivenbäume hängt und quer durch Zitronenhaine verlegt, damit die Kommandostellen der deutschen Truppen miteinander kommunizieren können, beschreibt er in der ihm eigenen klaren, knappen Sprache auch immer wieder die sizilianische Landschaft. Die Kabel sind anfällig, werden von Tieren angenagt oder von Granatsplittern getroffen. Cibulka bewegt sich durch die Macchia und besingt, ohne es zu wollen, die Flora auf den Abhängen des Ätna. In der gleichen genauen Sprache hält Cibulka die Absurdität dieses Krieges, eines jeden Krieges fest. Nach dem Beginn der *Operation Husky*, so der Name des Feldzugs der Alliierten in Süditalien, sieht er Zehntausende junger Soldaten sich gegenüberstehen, die nicht wissen, warum sie sich töten sollen. Die Kampfhandlungen in Sizilien dauerten insgesamt achtunddreißig Tage. 855 000 Soldaten standen sich gegenüber, 405 000 italienische und deutsche, 450 000 angloamerikanische. Sehr viel später veröffentlichte Cibulka seine sizilianischen Aufzeichnungen in der DDR unter dem Titel *Nachtwache*. Er kann sehr eindringlich beschreiben. Auch Wochen später, als ich sein schmales Erinnerungsbuch längst zur Seite gelegt hatte, gingen mir die Geräusche der Jagdbomber und der MGs nicht aus dem Sinn, auch nicht die schwere Stille der Nacht, die folgte und in der sich die Gerüchte über den Frontverlauf unkontrolliert verbreiteten.

6.

Die Katakomben unter der Basilica di Santa Lucia al Sepolcro in der Neustadt hatte ich ganz kurz nach meiner Ankunft in Syrakus zum ersten Mal aufgesucht. Jetzt, ein paar Jahre später, will ich noch einmal in das Borgata-Viertel und meine Erinnerungen überprüfen. An der offenen Seite der Piazza Santa Lucia, dieses sehr großen, mit doppelten Baumreihen definierten Rechtecks, steht die Basilika. Ich hatte diesen Platz als metaphysischen Ort in Erinnerung, von Stille fast gelähmt, umringt von melancholischen zweistöckigen Häusern. Heute ist es genauso wie damals bei meinem ersten Besuch. Alte

Männer sitzen schweigsam auf einer Bank, zwei Kinder spielen lautlos Ball, wenige Passanten bewegen sich im Halbschatten wie Puppen von de Chirico. Oder wie Figuren in einem Schwarz-Weiß-Film aus den 60er-Jahren. Ein Motorrad knattert vorbei, dann schließt sich die Stille wieder über dem Platz wie eine gewaltige Glasglocke. Der Platz erzählt von Lucias Tod, von ihrem Märtyrertum. Ihre Enthauptung, so wird berichtet, fand bei der Säule aus Granit in der Grabkapelle neben der Basilika statt. Der Architekt, der das Rathaus am Domplatz in Ortigia gebaut hat, Giovanni Vermexio, hat im Jahr 1629 auch diesen oktogonalen, halb ins Erdreich versenkten Tempel gebaut. Treppen führen zum Eingang hinab. Die Grabkammer der Heiligen liegt wie die übrigen Katakomben in den Felsen tief unter der Erde. Der Gläubige, der Lucia besuchen will, befindet sich auf der gleichen Höhe wie das Grab, er soll weder hinauf- noch hinabschauen müssen. Die Ausbuchtung im Kalkstein ist leer, so leer wie der große Platz draußen. Um der Vorstellungskraft der Besucher auf die Sprünge zu helfen, wurde vor dem Altar, der das offene Felsengrab umrahmt, ein Glasschrein angebracht. In ihm liegt eine Lucia aus weißem Marmor, auf einem hohen Kissen halb aufgestützt, mit geschlossenen Augen, bildhübsch und verloren und in sich gekehrt, geschaffen von einem Gregorio Tedeschi im Jahr 1634. Eine Kopie des Caravaggio-Gemäldes von miserabelster Qualität hängt seitlich an der Wand, links vom Altar. Verwirrt steige ich die Treppen wieder hinauf und entdecke wenig später das Original als zentrales Altarbild in der Basilika.

Weiß man, dass die sterblichen Reste der Heiligen im Jahr 1038 von dem byzantinischen Söldnergeneral Georgios Maniakes nach Konstantinopel verbracht und dort dem epileptischen

Kaiser Michael IV. zum Geschenk gereicht wurden, kommt einem diese Grabkapelle wie eine ziemlich paradoxe Angelegenheit vor. Ging es um die Anbetung einer damals schon seit mehr als einem halben Jahrtausend leeren Grabkammer? Wollte man der Hoffnung, dass die Reliquien eines Tages nach Syrakus zurückkehren würden, steinernen Ausdruck verleihen? Eine Rückkehr übrigens nicht mehr aus Konstantinopel, sondern aus Venedig, denn die sterblichen Überreste wurden 1204 von den Venezianern entwendet und in die Lagunenstadt verbracht. Vom Canal Grande aus kann man heute noch die folgende Inschrift an der Fassade der Chiesa San Geremia lesen: »Lucia Vergine di Syracusa in questo tempio riposa. All'Italia e al Mondo ispiri luce e pace.« 1955 ließ Angelo Roncalli, damals Patriarch von Venedig, später Papst Johannes XXIII., das Gesicht der Heiligen mit einer silbernen Maske bedecken, um es vor Staub zu schützen. Später gestattete der Vatikan auch eine kurze Rückkehr der Reliquien nach Syrakus, ihrer Geburtsstadt. Aber der achteckige Grabtempel in Borgata steht nach wie vor auf einem leeren Grab. Vielleicht ist das der Grund dafür, dass die Anhänger während der großen Prozession im Dezember so laut *»Siracusaaaaana é«* rufen, »Sie ist Syrakusanerin«, als entstünde aus Abwesenheit ein besonders starker Sinn von Zugehörigkeit.

7.

Oft überrascht mich die knochenharte Felseninsel am Abend mit sanften, nordafrikanischen Stimmungen. Das mag damit zusammenhängen, dass ich von meiner Terrasse aus nicht die barocke Bebauung wahrnehme, sondern vor allem die beigen und weißen Kuben der Dachgeschosswohnungen, die in ihrer Verschachtelung morgenländisch anmuten. Das arabische Syrakus. Dieser Begriff spukt in meinem Kopf herum, seit ich in der Via della Amalfitania, einer kleinen Straße, die von der Cavour hinunter zum Großen Hafen führt, ganz zufällig einen geräumigen Innenhof entdeckte, den *Corte dei Bottai.* Offenbar war es ein Hof für Flaschenhändler gewesen und diente als Zwischendepot für Weinlieferanten. Dieser *corte* mit schön geschwungenen, teils überdachten Übergängen und einer großzügigen Freitreppe ließ mich spontan an eine Karawanserei denken, an ein »Hotel« aus der arabischen Zeit von Syrakus. Aber dann entdeckte ich einen Hinweis der Antikenverwaltung, dass es sich hier um ein Straßennetz aus griechischer Zeit handelt, das zum größten Teil noch unter der heutigen Via Cavour verborgen liegt. Ans Licht gebracht worden war eine fast zweitausendjährige Schichtung – *una stratificazione* –, die einiges über das Raumdenken einer antiken Stadt aussagt und, wie auf dem Schild zu lesen ist, als ein Konstrukt aus Linien und Volumen bis in die barocke Struktur der Stadt hineingewirkt hat.

Dennoch blieb das Bild von einer Karawanserei, wie ich sie in kleinen syrischen Städten und im türkischen Teil von Nikosia gesehen habe, in meinem Kopf haften. Dazu passt auch, dass ich einige Tage nach der Entdeckung des *Corte dei Bottai* den Brief eines tunesischen Freundes, des Dichters Khaled Najar, im Briefkasten finde. Er schreibt mir, dass es im Tunis in seiner Kindheit *beaucoup de Sicilie*, »viel Sizilien«, gegeben habe. In der Rue de la Commission stehe noch heute das Haus, in dem Garibaldi als Flüchtling untergekommen sei. In dem Vorort La Goulette habe es von Läden nur so gewimmelt, in denen *ricotta* und *pasta* und scharf gebrannter *caffè* und *cannoli* verkauft wurden. Die besten Automechaniker der Stadt seien Sizilianer gewesen. Sie hätten in ihren Werkstätten aus einem müden R 4 einen Porsche gemacht. Als ich Khaleds Brief lese, kommen viele eigene Erinnerungen zurück, auch an das Restaurant Tontonville mit seinem Wirt, einem dürren Koch aus Messina. Mit Khaled hatte ich dort öfter gegessen, inmitten von fröhlichen, heimwehkranken Sizilianern.

Die von Habib Bourguiba, dem ersten Präsidenten Tunesiens nach der Unabhängigkeit, vorangetriebene Arabisierung hat nach 1957 viele sizilianische Spuren in Tunis gelöscht. Von Ausländern betriebene Geschäfte wurden drangsaliert, behördliche Schikanen schnitten den kleineren Unternehmen die Luft ab, sodass vielen Sizilianern nichts übrig blieb, als auf ihre Insel zurückzukehren. Die prominenteste von ihnen, Claudia Cardinale, in La Goulette geboren, ging nach Rom. Spiegelbildlich gibt es auch in Syrakus kaum noch konkrete Spuren der arabischen Präsenz, die allerdings schon lange zurückliegt, zehn Jahrhunderte. Die baulichen Veränderungen aus der Zeit der Zwischennutzung des Doms als Moschee sind wieder rückgängig gemacht worden. Nur in der Apsis gibt es klägliche Überreste von arabisch-byzantinischen Mosaiken. Die schönen Fußböden aus buntem Marmor im Dom lassen in ihrer Ornamentik an arabische Muster denken, stammen aber aus dem 15. Jahrhundert. Während Marsala und Trapani an der Südküste im Sommer ein durchaus maghrebinisches Flair verströmen, kann Syrakus da nicht mithalten, auch wenn mich im Juli bei bestimmten Lichtverhältnissen Bilder aus meiner Kindheit in Tunesien überfallen.

Dora sagt mir, dass der arabische Einfluss am stärksten in der Küche, in den sizilianischen Gerichten zu spüren sei. Nicht nur die Zitrusfrüchte, nicht nur die Dattelpalmen, auch Zimt, Safran, Anis, Muskat hätten die Araber im frühen Mittelalter nach Sizilien gebracht. Im Vergleich dazu hätten die Griechen frugal gelebt. Diese Kochkunst voller Raffinessen, die wir kennen, sei erst mit den Arabern gekommen. Zur selben Zeit entstand, wie einige Historiker meinen, eine hoch entwickelte arabische Dichtkunst. Die Geburtsstunde dieser Poesie habe in einer Sommernacht im Jahr 827 geschlagen. Damals landete in Mazara eine Flotte mit Arabern, Berbern, Persern, Ägyptern und Maghrebinern an Bord, die sich zunächst an der Südküste niederließen. Es war der Auftakt zu einer außerordentlichen Zeit, die vom Geist der Toleranz zwischen verschiedenen Ethnien, Kulturen, Völkern und Religionen geprägt war, nicht unähnlich dem Zusammenleben in Andalusien zu jener Zeit. Palermo, aber auch Catania und Syrakus wurden nach und nach zu kosmopolitischen Städten.

Die in Catania geborene Komponistin und Sängerin Etta Scollo schreibt: »Als ich in Palermo das Schloss Zisa besuchte und dem Stimmengewirr auf dem Markt von Ballarò lauschte, habe ich versucht, den Klang der arabischen Sprache aus dem Sizilianischen herauszuhören. Mir kamen dabei die Worte Leonardo Sciascias in den Sinn, die Bewohner Siziliens hätten nach der arabischen Eroberung angefangen, sich wie Sizilianer zu verhalten. Aber nur unter Schwierigkeiten habe ich das Palermo des Idrisi, des ersten Geografen der Welt, oder das Syrakus des Ibn Hamdis, des berühmten sizilianisch-arabischen Dichters, wiedererkannt.«

Etta Scollo hat Gedichte von diesem Ibn Hamdis vertont und auf eine unheimlich nahegehende, es fällt mir kein anderes Wort ein: herzzerreißende Weise gesungen. Geboren im Jahr 1056 in Syrakus, starb Ibn Hamdis 1133 auf Mallorca. Seine Familie war begütert. Sie kam im Zuge der arabischen Eroberung schon im 9. Jahrhundert nach Sizilien und ließ sich im Val di Noto nieder. Als die Normannen 1072 Messina einnahmen, musste Ibn Hamdis nach Sfax flüchten, von Sfax nach Sevilla, wo er dreizehn Jahre lang zur Blüte der Dichtkunst in *al-Andalus* beitrug. Viele seiner Gedichte sprechen vom Heimweh nach Sizilien:

> Mein Sizilien. Der hoffnungslose Schmerz
> kommt mit der Erinnerung immer wieder.
> Jugend. Ich sehe die verlorenen glücklichen
> Verrücktheiten, die wundervollen Freunde wieder.
> Oh Paradies, aus dem ich vertrieben wurde!
> Was nützt es, sich an deinen Glanz zu erinnern?

Auch diesen Text hat Etta Scollo gesungen. Ibn Hamdis lebte am Ende dieser Epoche des Dialogs, des Austauschs. Mir kommen seine Gedichte vor wie der Schwanengesang des arabischen Syrakus. Ein Gesang von Abschied, Trennung und Verlust.

8.

Syrakus hat viele Untergänge erlebt, viele Verluste erlitten. In der Neuzeit war der Verlust der Bedeutung des Hafens einschneidend. Man hatte den Ehrgeiz von Catania, von Palermo verschlafen, man mischte bei der Neufassung der maritimen Handelsrouten nicht mit. Es gibt noch den einen oder anderen Frachter, der sich in den Porto Grande verirrt; es gibt die Fähren nach Malta; im Grunde aber ist der Schiffsverkehr zusammengebrochen und mit ihm all die Neben- und Zulieferbetriebe, die zu einem Hafen gehören: die Agenten, die Finanzleute, die Lagerunternehmen, die Gutachter, die Ausrüster, die Schiffsreparateure, die Versicherungen. Alles futsch.

Dabei hatte der Große Hafen eine große Vergangenheit. Man denke an die Flotten, die hier ankerten, an die gewaltigen Seeschlachten. Oder auch an die *Syracusia*, eines der größten Fracht- und Passagiertransportschiffe der Antike. Archimedes hatte es entworfen und Archias von Korinth auf Weisung des Tyrannen Hieron II. um 240 v. Chr. in einer Werft bei Syrakus gebaut. Nach einem Bericht des Historikers Moschion von Phaselis konnte die *Syracusia* bis zu 1800 Tonnen und rund 1900 Passagiere transportieren, zudem 200 Soldaten und ein gigantisches, von Archimedes ersonnenes Katapult. Die exakten Maße des Schiffes sind nicht bekannt. Michael Lahanas, ein heutiger Altertumsforscher, mutmaßt, sie sei fünfundfünfzig Meter lang, vierzehn Meter breit und dreizehn Meter hoch gewesen. Zu »füllig« jedenfalls, als dass ein sizilianischer Hafen sie hätte aufnehmen können. So segelte sie, ihre einzige Fahrt, von Syrakus nach Alexandria, wo sie vor

Anker ging und später dem Herrscher Ptolemaios III. Euergetes zum Geschenk gemacht wurde.

Die alten Historiker waren fantasiebegabte Autoren, die ihren Lesern stets Unerhörtes bieten wollten. Aber vielleicht gehört es gar nicht ins Reich der typischen Übertreibungen, wenn Athenaeus das von raffiniert geschnitzten Atlas-Figuren gestützte Oberdeck beschreibt, auf dem acht Türme standen, ein jeder bemannt mit zwei Bogenschützen und vier Kriegern in voller Montur. Athenaeus berichtet auch von den Annehmlichkeiten, die die *Syracusia* für ihre Passagiere bereithielt. Offenbar gab es auf dem Oberdeck Freizeitanlagen, einen Garten und einen überdachten Warmwasserpool. Während die unteren Decks für die Crew und die Soldaten bestimmt waren, gab es im Zwischendeck auch eine Bibliothek – der Fußboden aus Marmor und die Regale für die Schriftrollen mit Elfenbein verziert –, ein Gymnasium, wie damals ein Fitnessstudio genannt wurde, und einen kleinen Tempel. Die Statue, die sich darin befunden haben soll, konnte bis heute nicht identifiziert werden. Aphrodite oder Amphitrite, jene Nereide, die sich mit Poseidon verband? Die Gelehrten streiten sich. Nichts ist wirklich dokumentiert. Alles nur Erinnerungstorkel? Auf jeden Fall ist dieses Megaschiff ein aufregendes Objekt der Imagination, das mich nicht mehr loslässt. Manchmal packt mich die Lust, auf eine große Bibliothekstour zu gehen, um über dieses Riesenschiff, die *Titanic* ihrer Zeit, mehr herauszufinden.

Wenn heute im Sommer die überdimensionierten Jachten von russischen oder griechischen Oligarchen am Quai des Porto Grande festmachen, entsteht vor meinen Augen das Bild der *Syracusia*. Was aus ihr geworden ist, weiß niemand. In Alexandria versuchte der Sohn des Ptolemaios III., die *Syracusia* zu übertrumpfen, und ordnete den Bau eines gigantischen

Kriegsschiffes an. Die *Tessarakonteres* sollte 4000 Ruderer und 2850 Soldaten aufnehmen können. Plutarch erwähnt dieses aberwitzige Projekt, meint aber trocken, dass das Schiff unfähig gewesen sei, sich zu bewegen, untauglich selbst für das kleinste Manöver.

9.

Der Tag ist gekommen, da Lucio mich auf sein Weingut mitnimmt. Es ist früher Frühling. Unmittelbar nach dem Verlassen der hässlichen Gewerbegebiete von Syrakus beginnen auf beiden Seiten der Straße Orangen- und Limonenhaine. Frischestes Grün, glänzend, wie poliert. Dann, kurz vor Floridia, ein kleiner Pinienwald, blaugrüne Nadeln. Verstreut auf den ansteigenden Höhen die Gehöfte der Landbesitzer, trutzhafte Bauten, rosenholzfarben oder ockergelb getüncht. Die Ordnung von Tor, Aufgang, Terrassen und Fenstern scheint zufällig und ist doch wohlüberlegt. Rings um die Gehöfte Opuntienreihen, lebende Mauern, oder mörtellos übereinandergeschichtete Kalksteinbrocken. Dahinter Frühlingsblüten und über den Blüten in Aufruhr das Licht.

Der Rover des Barons erklimmt mühelos die ersten Anhöhen der Hybläischen Berge, und dann, in einem Tal, liegt vor unseren Augen lang gestreckt die *masseria*. Das zweistöckige Haupthaus im Zentrum, umringt von weitläufigen Stallungen, die den, wie Lucio erzählt, im 19. Jahrhundert wehrhaft gemachten Turm in einem langen Rechteck umgeben. Drei alte Palmen und eine an das Haupthaus angelehnte mächtige dunkelviolette, fast schon schwarze Bougainvillea gliedern den Innenhof. Die Proportionen dieses Hofs und die Farbe des alten Steins wärmen das Herz, lassen einen Zutrauen fassen in die Welt.

Der Baron zeigt mir die *cantina*, den Weinkeller mit den gewaltigen Aluminiumbehältern, die ehemaligen Stallungen, die zu einem Hotel mit sechs Zimmern und allen Annehmlichkeiten umgewandelt worden sind, dann die Küche und das Haupthaus. Im ersten Stock führen zwei Türen vom *salotto* auf eine große Terrasse, über die eine Markise gespannt ist, eher ein schwerer Baldachin aus breiten tiefgelben und fröhlich roten Stoffstreifen, die der gesamten Atmosphäre eine orange Tönung verleihen. Der Boden der Terrasse ist aus glasierten Kacheln mit einem blau-weißen Zickzackmuster gefügt, das zu den warmen Farben des Baldachins einen kühnen, herrlich kühlen Kontrast bildet. Begrenzt ist die Terrasse von einer klassischen Balustrade, also von in einer langen Reihe angeordneten kegelförmigen Säulen. Der Handlauf dieser Balustrade ist von Flechten und hartem Moos überzogen und wirkt noch älter und fleckiger als die ganze *masseria*, die eine Art herrschaftlichen Charme bewahrt hat.

Der Baron stellt mir die Köchin vor, den Gärtner, den Kellermeister und seinen Gehilfen, die sich um den Wein kümmern, »ein aufreibendes Geschäft«, wie er meint, »zu viel Konkurrenz«. »Und zu viel Qualitätskontrolle«, fügt der Kellermeister hinzu.

»Aber jetzt führe ich dich in das Allerheiligste, wir müssen uns ja den *pranzo* verdienen.« Wir gehen über den Hof zum Wehrturm. Dort im ersten Stock liegt das *studiolo* des Barons. In der Mitte des Zimmers steht ein großer Schreibtisch, an den Wänden Regale mit Folianten, Atlanten, in Leder gebundenen Büchern mit roten und blauen Rückenschildern. Auf einer Konsole mehrere Induktionsgloben, schwarz und geheimnisvoll. Lucio kramt in seiner Hosentasche umständlich nach einem Schlüssel, schließlich findet er ihn und sperrt die oberste Schublade des Schreibtisches auf. Er holt mehrere rechteckige Etuis heraus, sie sind ausgeschlagen mit blauem Samt. In runden Vertiefungen lagern seine Münzen wie kostbarste Pralinen.

»Diese Kassetten habe ich in Wien gekauft, in einem Geschäft in der Nähe der Hofburg. Sehr praktisch sind sie.« Zunächst zeigt er mir Silberdrachmen aus Gela, rund 400 v. Chr. Diese Münzen sind berühmt für äußerst präzise Tierdarstellungen. Es gibt schnittige Falken mit bedrohlich gekrümmtem Schnabel, füllige Wachteln, vor allem aber Taschenkrebse, die so detailgetreu dargestellt sind, dass sie lebendig scheinen, als könnten sie jederzeit das enge Münzenrund verlassen: mit fünf Beinen auf jeder Seite des modellierten Rückenpanzers, den kräftigen Scheren an den Vorderarmen und Augen wie dunkle Stecknadelkugeln, eingelassen in die Vertiefungen des Stirnpanzers. In einer weiteren Kassette funkeln punische Silbermünzen. Man erkennt sie sofort an dem charakteristischen Pferdekopf, der Palme und dem runden Mond, Symbol für den Gott Baal. Den größten Reiz auf mich üben die griechischen Goldmünzen aus. Eine zeigt den Kopf Philipps II., des Vaters von Alexander dem Großen, im Profil. Lucio öffnet eine Kassette nach der anderen. Die Tetradrachmen mit dem von vier Delfinen umschwommenen Kopf der Arethusa hat er sich für den Schluss aufbewahrt. »Wir haben schon darüber gesprochen«, sagt er, »sie gelten als die schönsten Prägungen der Antike.«

Er holt eine Lupe hervor. »Siehst du hier«, sagt er, »diese Stempelschneider wussten einfach, wie gut sie waren, und fingen an, ihre Werke zu signieren. Um 415 v. Chr. war das. Auf der Vorderseite siehst du immer die siegreiche Quadriga. Die Pferde wurden früher im Schritt, ab dieser Zeit dann galoppierend gezeigt. Und auf der Rückseite ist der Kopf unserer verehrten Quellnymphe.«

Er knipst die Schreibtischlampe an und legt die Münze direkt unter den Lichtstrahl. »Diese Münze ist von zwei Künstlern geschnitten worden, die Vorderseite von Euainetos und die Rückseite von Eumenes. Die Signaturen sind deutlich sichtbar, Eumenes auf der Rückseite direkt unter dem Halsabschnitt – kannst du es sehen? –, und Euainetos steht auf dem Täfelchen, das die über der Quadriga schwebende Nike in die Höhe hält.« Nun zeigt er mir noch Drachmen, auf denen Arethusa frontal dargestellt wird. »Kimon schuf als Erster dieses Frontalporträt, das im ganzen griechischen Kulturraum begeisterte Nachahmer fand. Ich weiß nicht, warum, ich selber ziehe die Darstellungen im Profil bei Weitem vor.«

Wir hören ein Glöckchen. »Ah, das heißt, dass das Mittagessen bereit ist.« Bevor wir hinuntergehen, öffnet der Baron noch eine in die Wand eingelassene, kaum sichtbare Tür, die in ein weiteres Zimmer führt. Ich sehe einige Fernrohre auf vorsintflutlichen Gestellen und die Scheibe eines Astrolabiums. »Das ist mein Versteck, mein Spielplatz für die Sternenkunde«, sagt er, »aber jetzt müssen wir in den *salotto*.«

Zum Auftakt gibt es Bruschetta mit frischem Ricotta. Der Käse ist so hoch aufgetragen, wie die geröstete und mit Öl beträufelte Brotscheibe dick ist. Auf den Ricotta hat die Köchin noch Pfeffer und Lavendelsalz gestreut. »Es ist einfach, es ist köstlich«, schwärme ich, »ein Lob auf die Köchin!« Lucio ruft sie herbei, und sie kommt aus der Küche und bringt gleich den

Hauptgang mit, ein festlich duftendes Lammkarree. Lucio bittet sie, mir die Zubereitung des Gerichts kurz zu erklären.

»Das Lamm ist hier aus der Gegend«, sagt sie. »Ich habe das Fleisch kurz abgehangen, dann angebraten und, bevor ich es in den Ofen zum Rösten geschoben habe, mit einer Kruste aus Brotbröseln zugedeckt. Die Brösel habe ich mit gehacktem Fenchel, Knoblauch, etwas Petersilie und wieder Lavendel vermischt, damit wir einen schon vertrauten Geschmack weiterverfolgen können. Ich hoffe, es ist mir geglückt.«

Ein kleines Fest. Wir sprechen dem Nero d'Avola zu und verfolgen die dunklen Lichtbahnen, die die Sonne durch den rot-gelben Baldachin von draußen auf unser Gelage wirft.

10.

Das Teatro Greco in der Neustadt ist das größte Theater Siziliens. Im Jahr 220 v. Chr. wurde es von dem Tyrannen Hieron II. erweitert und konnte 15 000 Menschen fassen. »Wir sind drei Meter breiter als das Theater in Athen!«, scherzten angeblich die alten Syrakusaner.

Ich hatte eine Karte für *Die Phönikerinnen* von Euripides ergattert. Jedes Jahr im Juni und Juli bringt ein beliebtes Festival drei Stücke von »klassischen« Autoren zur Aufführung, meist von Euripides, von Aischylos, Aristophanes, manchmal auch Sophokles. Im Zentrum von *Die Phönikerinnen* steht der Machtkampf zweier Brüder, beide Söhne des Ödipus, um die Herrschaft in Theben. Zu Beginn des Stücks weiht uns Iokaste in die Vorgeschichte ein: Einem Orakelspruch zufolge erschlägt Ödipus Laios, ohne zu wissen, dass es sein Vater ist, und heiratet Iokaste, ohne zu wissen, dass es seine Mutter ist. Als er von seiner Schuld erfährt, blendet er sich. Die Handlung ist wirr, die Dramaturgie kompliziert, und schnell verliere ich den Faden. Inmitten von Abertausend aufmerksamen Besuchern sitze ich in diesem immensen, steil ansteigenden Rund. Zwei Drittel der *gradini*, der steinernen Sitze, sind noch in der prallen Abendsonne, ein Drittel bereits im Schatten. Der Übergang vom orangen Sonnenuntergangslicht zum kaltblauen Scheinwerferlicht ist fließend, getätigt von einem genialen Lichtkünstler.

In diesem hellen Dämmer taucht Teiresias auf. Der blinde Seher verflucht die Nacht. Das Stück wird zum wilden Splatter-Roman: Gebrüll und Mord, Fluch und Blut, böse Brüder und böses Schicksal. In der Tat keine Psychologie, nur *il fato*, das Fatum, das Schicksal eben. Auch wenn ich nicht viel verstehe, bin ich innerlich bewegt. Es mag mit der Lage des Theaters, seiner schieren Größe und seiner Bedeutung zu tun haben. Ich bin hier an einer der lichtesten Stätten des menschlichen Geistes. Hier, auf diesen steinernen Stufen, saßen einst Platon, Aischylos, Sophokles, Aristippos, Pindar; und dort in der Orchestra standen die gefangenen Athener; und dort sitzt er, Teiresias, der erblindete Greis, mit seiner Tochter. Und die Besucher, die Syrakusaner, schauen auf ihre grenzenlose Stadt hinab, auf eine Welt vormals voller Tempel, Säulenstraßen und Prachtbauten, auf beide Häfen, den Kleinen und den einst *Marmorena* genannten Großen Hafen, und auf das Meer hinter Plemmirio. Eine erhabenere szenische Ausschmückung kann man sich gar nicht vorstellen. Von diesem alten Glanz ist auch heute noch etwas zu spüren, auch wenn der Blick zum Großen Hafen über staubige Eukalyptusbäume hinweg nun von Neubauten, Lagerhallen und gigantischen Reklamen für Supermärkte stark behindert ist.

II.

Nur von der Dachterrasse des Hôtel des Étrangers gibt es einen nicht in der Weite, aber in der Schönheit des dargebotenen Weltausschnitts vergleichbaren Blick. Von hier aus erfassen die Augen das langfingrige Ende der Wachtelinsel zwischen Porto Grande und offenem Meer. Mit Gaetano Tranchino bin ich hier zu einem Aperitif verabredet. Hier oben sind wir dem Lärm, vor allem dem touristischen Gewusel rund um die Fonte Aretusa, ganz entrückt. Nichts als Stille und goldenes Licht auf der sich vor uns zuspitzenden Inselstadt. Boote gleiten über das Wasser, lautlos wie Katzen. Drei Segelboote sind mit Tauen aneinander festgezurrt, Familien feiern dort, wahrscheinlich schon den ganzen Sommertag über. Aber sie sind zu weit weg, als dass wir ihr sicherlich haltloses Gelächter hören könnten.

Auch von hier oben ist Ortigia die von einem geschmeidigen Meer umspülte »weiße« Stadt – im Gegensatz zur düsteren, eleganten Lava-Stadt Catania, die dem Meer den Rücken zuwendet. Nichts sei schwieriger, meint Gaetano, der genüsslich an seinem *negroni* schlürft, als eine Stadt mit Worten einzufangen. Die über New York schrieben, hätten alle versagt. E. L. Doctorow, Paul Auster, Don DeLillo, Harold Brodkey. Nun sei Syrakus, das vor 2500 Jahren das Manhattan des Mittelmeers gewesen sein mag, inzwischen eine Provinzstadt.

»Lässt sich eine solche Stadt, die nicht weinerlich, aber auch nicht glamourös ist, leichter porträtieren?«, fragt Gaetano.

»Ich weiß nicht, bin mir unsicher«, erwidere ich, »ich halte Syrakus für eine Stadt, die nachsichtig gegenüber sich selbst ist. Sie unternimmt keine großen Anstrengungen. Sie ist aber auch keine selbstzufriedene Stadt. Ich stelle mir vor, dass sie sich, wenn sie sich bemitleiden will, innerlich zur Ordnung ruft. Auf keinen Fall will sie von ihren eigenen Erinnerungen überwältigt werden, sich von ihnen gar erschlagen lassen.«

»Vielleicht ist es nicht von Vorteil«, sinniert Gaetano, »eine große Vergangenheit zu haben. Aber die Syrakusaner stellen sich dieser Vergangenheit, und auf ihre Art, auf eine versteckte Art, sind sie auch stolz darauf.«

12.

Am Abend, wieder zu Hause, lese ich auf der dunkelnden Terrasse *Wanderjahre in Italien* von Ferdinand Gregorovius. Als er 1855 in Syrakus war und von der Hochebene auf das alte Stadtgebiet schaute, das er mit einer Wüste verglich, notierte er: »So weit das Auge reicht, ist sie durchwühlt, durchfurcht von grabspurigen Jahrhunderten und vom Geleise ungezählter Zeiten. Einem ungeheuren Schlachtfeld der Geschichte gleicht sie.« An einer anderen Stelle spricht er vom »endlosen Totenfelde Syrakus«.

Gregorovius war zu einer Zeit hierhergekommen, als sich die Stadt in einem Zustand der allergrößten Lähmung befand. Wie das übrige Sizilien war sie unter die Herrschaft des Hauses Bourbon-Sizilien geraten, einer italienischen Nebenlinie der spanischen Bourbonen. Hauptstadt der »Könige beider Sizilien« war ab 1817 Neapel. Sizilien versank in Lethargie, ausgeblutet von habgierigen spanischen Verwaltern, die einen Polizeistaat installierten. Dazu noch einmal Gregorovius: »Am Kai des Großen Hafens wandelt nun das moderne Geschlecht der Syrakuser umher, freudlos, dürftig, ohne Wissenschaft, ohne Kunst, ohne Industrie; dörflich herabgesunken in die engste Lebensbeschränkung und Sklaven des verhassten Neapel.«

Bessere Zeiten kamen erst mit dem *Risorgimento*, dem Bemühen also um einen unabhängigen italienischen Nationalstaat, mit der Ankunft Garibaldis in Marsala im Mai 1860 und mit der Niederlage der bourbonischen Truppen. Auch für Syrakus brachte die italienische Einigung Veränderungen. Befreit von der erstickenden Kontrolle der Polizei, begann die Stadt sich zu modernisieren. Die spanischen Befestigungsanlagen wurden geschleift, die gewaltigen und in ihrer dekorativen Wucht scheußlichen Stadttore, die ich nur von alten Fotogravuren kenne, gesprengt. Zum ersten Mal seit Jahrhunderten dehnte sich die Stadt wieder auf dem »Festland« aus, bebaute die brachliegenden alten griechischen Stadtteile Achradina, Tyche und vor allem Neapolis – jene »Neustadt«, in der das Griechische Theater, das römische Amphitheater und die Latomien liegen. Rund um den Corso Umberto entstand ein elegantes Viertel mit Villen und Bürgerhäusern in einem einheitlichen klassizistischen Stil, der Handel nahm zu, eine Eisenbahn verband Messina und Catania mit Syrakus. Vor allem entlang der östlichen Küste bis zum Kloster der Kapuziner wuchs die Stadt schnell. Einige inzwischen schon wieder verfallene, doch immer noch prächtige Jugendstilvillen und nicht zuletzt die Villa Politi zeugen noch heute hiervon.

13.

Überquert man, aus Ortigia kommend, die Brücke zur Neustadt, fallen einem diese großbürgerlichen Häuser auf, die den Corso Umberto und seine Nebenstraßen säumen. Biegt man dann nach rechts Richtung kleiner Jachthafen ab, auf der Viale Regina Margherita, die in die Via dell'Arsenale übergeht, wird man einer Reihe großzügiger, dunkelrot getünchter Villen gewahr, umwachsen von uraltem Baumbestand, von riesigen Yuccapalmen und Kandelaberkakteen und überschüttet von Kaskaden dunkelroter Bougainvillea. All diese Wohnhäuser und Villen sind, so schätze ich, entweder vor oder kurz nach der Jahrhundertwende entstanden, klassizistisch, mit Anflügen von Jugendstil, die späteren auch schon von frühem Art déco beeinflusst.

Man findet Villen des gleichen Typus überall rund um das Mittelmeer, in Sorrent, Neapel, Marseille, Beirut oder Alexandria, wo die prächtigsten Villen von italienischen Architekten entworfen wurden. Hier in Neapolis vermitteln die Häuser eine Vorstellung davon, wie schön und anziehend das Syrakus der Jahrhundertwende – und bis in die späten 1930er-Jahre hinein – gewesen sein muss. Die Bausünden begannen in den 50er-Jahren und dauerten über zwanzig Jahre fort. Überall entstanden Betonklötze. Die »Modernisierung« wurde von einer korrupten Bürokratie genehmigt. Profitdenken und selbstsüchtige Motive setzten sich gegen die Pläne des Archäologen Luigi Bernabò Brea durch, der unmittelbar nach dem Zweiten Weltkrieg einen visionären Plan entworfen hatte, aus Neapolis eine einzige archäologische Zone zu machen mit großen Parks, weiteren Museen und einer eingeschränkten Bebauung, die starken Auflagen unterliegt. Daraus ist nichts geworden. Die alten zweistöckigen Häuser wurden von hohen Wohnblocks umzingelt. Nur wenige von ihnen entgingen dem Abriss.

Zu diesen übrig gebliebenen architektonischen Freuden zählen die Villa Landolina, nun im Park des Archäologischen Museums Paolo Orsi, die Villa Politi und die Villa Reimann, die sich hinter dem Archäologischen Park in der Via Necropoli Grotticelli befindet. Dieser Straßenname – ich übersetze ihn kühn und falsch mit: Straße der Totengröttchen – ist mehr als passend, weil sich im Park der Villa Ausläufer der Latomien befinden und der Spaziergänger überwucherte Höhlen entdecken wird. Die Villa selbst wurde schon 1881/82 errichtet, nach Wünschen des Senators Cocuzza und zu Ehren der damals sehr berühmten spanischen Sängerin Fegotto. Ihr Name ziert noch heute das Medaillon über dem Eingangsportal. Christiane Reimann, eine 1888 geborene Dänin, die in New York studierte, für Florence Nightingale schwärmte und in Genf für den Weltbund der Krankenschwestern und Krankenpfleger arbeitete, kam 1935 zum ersten Mal nach Syrakus, verliebte sich in die Stadt und erwarb noch im selben Jahr die Villa Fegotto. Reimann, in Syrakus »unsere Karen Blixen« genannt, war eine passionierte Gärtnerin. Sie führte seltene exotische Pflanzen ein und machte aus dem Park der Villa eine Oase der Gartenkunst, der Geselligkeiten und des Friedens.

Erst die Kriegsjahre störten diese Idylle. Da Christiane Reimann Verbindung hielt zum Internationalen Roten Kreuz, wurde die Villa zur Anlaufstelle für alle, die nach Vermissten und Inhaftierten suchten. Die lokalen Behörden betrachteten diese Aktivitäten mit Misstrauen und zwangen Reimann, die Villa zu verlassen und ihren Wohnsitz nach Floridia zu verlegen. Aber das waren der Widrigkeiten nicht genug. Nachdem die Alliierten Sizilien besetzt und auch Syrakus eingenommen hatten, schlugen sie ihr Hauptquartier in der Villa Reimann auf und wiesen der Eigentümerin ein einziges Zimmer zu.

Es dauerte einige Jahre, bis die Villa wieder das wurde, was sie vor dem Krieg gewesen war: ein prächtiger Bau in einem wohlgeordneten Park mit Blick über die Steinbrüche und die alte Nekropole bis hin zum fernen Meer.

14.

Ich hatte in Berlin zu tun. Als ich nach zwei Wochen nach Ortigia zurückkam und die Treppe zur Terrasse hochging, um mich zu vergewissern, dass das Ionische Meer in stoischer Ruhe auf mich gewartet hatte, fiel mir auf, dass es unten auf der Piazza del Precursore ungewöhnlich still zuging. Ich sichtete die Post, holte mir ein Buch, den Gregorovius, entkorkte eine Flasche Wein und begann zu lesen. Erst nach einiger Zeit merkte ich, was es war, das mir fehlte: Ronnys Gekläff. Offenbar gab es keinen Ronny. Ich beugte mich über das Geländer und schaute hinunter. Die Tür auf dem kleinen Balkon gegenüber war geschlossen, die Jalousien ganz herabgelassen, auch das Fenster neben der Tür mit Holzläden verriegelt. Das war ungewöhnlich. Monteleone verreiste nicht mehr, konnte es auch gar nicht. War er krank geworden? Lag er im Hospital? Ich spürte plötzlich eine große Leere in mir, zugleich war ich so unruhig, dass ich zu dem kleinen Café an der Ecke Via della Giudecca ging. Der Besitzer, der Tag und Nacht Einaudis eintönige Klavierstücke abspielte, sagte mir, dass Monteleone gestorben sei.

Ja, er war krank gewesen, das wussten wir alle, nicht mehr der Jüngste, Beine, Hüften, die Atembeschwerden, aber dann hatte er nachts eine Magenblutung gehabt. Eine Aorta war geplatzt. Er schaffte es nicht mehr bis zum Telefon, die Ambulanz kam erst am Morgen. Viel zu spät.

»Und gab es eine Trauerfeier, eine Beerdigung?«, fragte ich.

»Das war schon letzte Woche. Der Sohn ist aus Mailand gekommen und hat alles abgewickelt. Die Wohnung will er nicht behalten. Ein Makler wurde von ihm beauftragt, sie zu verkaufen.«

Ich war wie vor den Kopf gestoßen. Gerade war Giuseppe Monteleone noch da und im nächsten Augenblick schon nicht mehr. Mir fiel ein, dass er mir im letzten Jahr seine Wohnung gezeigt hatte, die riesig war – mit vier Zimmern, einer großen Küche, zwei Bädern, eines mit Dusche, das andere mit einer ausladenden Badewanne. Aber das Alter und ein Hüftleiden hatten ihn gezwungen, sein Leben auf ein Zimmer zu beschränken, das Zimmer mit dem schmalen Balkon, der auf die Piazza hinausging. In diesem Zimmer hatte er zwei Keyboards aufgebaut, auf dem Boden lagen Trommeln herum, eine Gitarre, eine Ziehharmonika. Neben dem Tisch ein gelb bezogener Ohrensessel, in dem er nachts auch schlief, ein riesiger Fernseher und daneben ein Schrank, dessen Türen er für mich öffnete. Mein Blick fiel auf vielleicht acht Dutzend Konservendosen.

»Hier steht alles, was ich zum Essen brauche«, hatte er fröhlich gesagt. »Geschälte Tomaten, Pasta, *vongole*, *salame morbido* und so fort.«

Kurz vor meiner Abreise nach Berlin hatten wir noch bei Bianco Pepe zu Abend gegessen. Ich hatte ihn eingeladen – die kurze Strecke von der Haustür zu dem direkt auf dem Platz aufgestellten Tisch schaffte er mithilfe eines Stocks noch recht gut – und auch Dora und Alberto dazugebeten. Wir sprachen von seinem Musikzimmer und wie hinreißend er immer noch spiele. Er erzählte von seinen Eltern, die auf Bildung geachtet hätten. Die Familie lebte in einem Vorort von Catania. Sein erstes Instrument sei ein Akkordeon gewesen. Er habe für die Nachbarn am Tage gespielt und nachts im Luftschutzkeller. 1943 sei das gewesen und er sieben Jahre alt. Man könne das vereinen, sagte er, kein Problem, Musik zu spielen und Polizist zu werden. Aber im Musikcorps der Polizei habe er nicht mitgemacht. Er sei auf anderes aus gewesen, schon die leichte Muse, auch Zirkusmusik, aber nicht Marschmusik.

Bei diesem Abendessen, von dem ich nicht ahnen konnte, dass es unser letztes mit ihm sein würde, wollte ich auch von ihm hören, welche seine spannendsten »Fälle« bei der Kriminalpolizei in Syrakus gewesen seien. Dora stand mir bei: »Erzähl schon, Giuseppe, stell dich nicht so an, los!«

Er streichelte seinen weißen Backenbart, hob sein Weinglas und lächelte in die Runde. »Na gut. Die Jahre im Fahndungsbüro. Sie waren vielleicht die aufregendste Zeit für mich. Meist ging es um Rauschgift. Zwei Tunesier schmuggelten den Stoff von Marokko in Booten nach Kap Bon und von dort hierher, nach Syrakus und Pachino. Auch die Mafia hatte ihre Finger im Spiel, kontrollierte einen der Tunesier. Es war mühsam, die beiden zu stellen, die ganze Sache nicht ungefährlich.«

Aber mit Einzelheiten wollte er nicht herausrücken und tat so, als wäre er immer noch im Dienst und müsste Berufsgeheimnisse wahren.

Ich versuchte einen anderen Weg: »Gibt es viele Drogenkranke in Syrakus?«, wollte ich wissen.

»Wir dürfen die nicht kriminalisieren«, sagte er, »sonst gibt es am Ende nur noch Verlierer. Mich haben die Konsumenten nie wirklich interessiert, eher die Dealer.«

An diesem Abend war Giuseppe von erstaunlicher Lebhaftigkeit. Er sprach dem Rosso zu und gab trotz aller Hinfälligkeit den Charmeur, lobte Doras zitternde Ohrringe und meinte, er würde gerne, wenn es jetzt nicht schon Abend wäre, eine Siesta in ihrem blonden Haar halten.

»Ach ja«, entfuhr es Alberto, als hätte sich Giuseppe nicht danebenbenommen.

Während des ganzen Essens blieb Ronny oben auf dem kleinen Balkon und schaute auf uns herab. Einmal jaulte er auf. Das war, als sich Claras elastische Katzen auf dem Austritt nebenan zeigten.

Jetzt frage ich mich, was aus Ronny geworden ist. Er war völlig auf seinen Herrn fixiert, paranoid, ein Neurotiker, ein Psychopath. Ich zweifele, dass er ohne Monteleone weiterleben kann oder will. Wahrscheinlich wurde er mit Gewalt in ein Tierheim gebracht. Dort bellt er nun, gereizt und aggressiv, wie er nun einmal ist, die anderen Heiminsassen an und beißt sie, bis er selbst gebissen wird. Ein Trauerspiel.

15.

In der Via Nizza gehe ich immer achtlos an einem Laden vorbei, den ich als Laden gar nie erkannt habe, ein Kolonialwarengeschäft, hätte man in Deutschland vor hundert Jahren gesagt. Es macht das Erkennen aber auch schwierig. Die beiden Fenster sind nur Fenster, keine Auslagen, und ziemlich verdreckt, die Tür ist meist geschlossen und abweisend. Im Sommer hängen verschiedenfarbige Perlenschnüre herab, die ein nichtssagendes Muster ergeben. Aber innen offenbart sich einem, überschreitet man die Schwelle, ein staubiges Paradies. Von der Decke hängt etwas, das man mit einiger Fantasie als Fake eines dürftigen venezianischen Lüsters bezeichnen darf. Auf der einen Seite lagern dicht an dicht Jutesäcke mit offener »Schnauze«, gefüllt mit Kartoffeln, Saubohnen, violetten Zwiebeln, Johannisbrot, Trockenwaren, die ich nicht identifizieren kann. In die gegenüberliegende Wand sind drei Dutzend kräftige, lange Nägel eingeschlagen. An ihnen hängen Zwiebelgirlanden, Knoblauchzöpfe, getrocknete Paprikaschoten und Würste, die wie von dicken Metzgerhänden vor Jahrzehnten geformt erscheinen. Frontal zum Eingang steht eine lange Vitrine. Hinter dem leicht beschlagenen Glas gibt es in den Etageren von Joghurt bis Mortadella so ziemlich alles, was die Milch so hergibt. Auch sehr rustikal aussehende Käselaibe. Etwas raffiniertere Produkte suche ich allerdings vergeblich. Neben der Vitrine gibt es noch eine weiß gestrichene Theke, auf der eine große alte Waage thront. Der Gewichtsanzeiger zittert inmitten eines auf der Spitze stehenden Dreiecks, daneben eine Metallschale, auf die die Ware zum Wiegen gelegt wird.

Nachdem ich den Laden entdeckt hatte, wünschte ich mir, dass das alte Paar, das ihn betreibt, einen kleinen Tisch mit zwei wackligen Stühlen in die Mitte des Raums stellte. Ich würde am späten Vormittag hingehen, zwei dicke Scheiben Mortadella bestellen, eine Schale Pistazien und dazu einen Muskatwein, der meine Laune hüpfen lässt. Leider haben Rosaria und Ignazio selbst meine derberen Winke nicht verstanden. Vielleicht wollen sie auch nur nichts verändern oder sind dazu nicht mehr in der Lage.

16.

Hundertmal schon bin ich auf der Ausfallstraße Richtung Avola und Autobahn Catania im Bus oder Taxi an der hohen gelbbraunen Mauer des *cimitero,* des städtischen Friedhofs, vorbeigefahren. Diesmal beschließe ich, ihm einen Besuch abzustatten. Der Eingang ist auf das Freundlichste von Blumenständen gesäumt, den einzigen der Stadt. Tritt man durch das breite eiserne Tor, gelangt man sofort in eine enggassige Totenstadt. Jeder Clan hat sein eigenes Mausoleum: Totenhaus neben Totenhaus, und es gibt, wie ich bald feststelle, richtige Totenhochhäuser mit zwei, drei, vier mit Treppen verbundenen Etagen, wo die Verblichenen zu Hunderten ruhen. Diese großen Häuser wurden zum Teil von religiösen Orden gebaut, meist von Kongregationen mit je besonderer Ausrichtung.

Die von diesen steinernen Mausoleen gesäumten Gassen wechseln ab mit gelb verdorrten, brachliegenden Feldern, die mit bescheidenen Gräbern übersät sind. Die Bourgeoisie des

19. Jahrhunderts hat sich veritable Häuser zum toten Fortleben errichten lassen, die Arbeiter, die Fischer hingegen liegen in winzigen Arealen auf diesen Feldern, wenn sie nicht in Abertausenden von Urnenfächern untergebracht wurden. Diese »Bestattungswände« wirken aus der Ferne wie endlose, vertikal aufgestellte Kassettendecken, jede einzelne Kassette mit einem Verschluss aus Beton, eine jede mit vertrockneten Blumen und mit einem Foto der verstorbenen Person. Erstaunlich alt wurden diese Leute, auch die vor 1900 Geborenen, oft achtzig, fünfundachtzig, neunundachtzig Jahre alt.

Am meisten erschüttert mich ein »Acker« links vom Aussegnungstempel, einem Rundbau, der von Weitem an ein Minipantheon denken lässt. Hier liegen früh Verstorbene, Engelskinder, Eintagskinder. Auf den Tafeln lese ich »N M« mit einer Jahreszahl, das kann *nato* und *morto* im selben Jahr bedeuten oder *nato morto*, tot geboren? Die kleinen Gräber sind auffällig geschmückt, viel bunter als all die anderen. Auf vielen Steinen steht *»Mama Papi ti amo«*, und ein blondes Engelsköpfchen, festgehalten in einer schon ausgebleichten Farbfotografie, schaut auf das Lieblingsspielzeug hinab, Lego-Steine, Einhörner, Barbies.

So seltsam es klingen mag: Oft ist für mich neben dem Besuch des lokalen Friseurladens der Gang über den Friedhof das probate Mittel, um sich eine Stadt zu erschließen. Auf den Friedhöfen von Genua, von Triest, von Budapest, von Paris lernt man unendlich viel über die melancholische Ader dieser Städte. Ich erhoffte mir von dem *cimitero* in Syrakus Ähnliches. Besonders die im Art-déco-Stil gehaltenen Totenhäuser erinnerten mich an die Spitzen der Pyramiden in Uxmal oder Palenque, jener Maya-Tempel im mexikanischen Dschungel, tropisch verwaschen, gelblich, grünlich, mächtig. Hier in Syrakus gibt es keinen Dschungel, doch riesige, uralte, verknotete Zypressen, archaische Palmen und steinalte, weit ausladende Ficus-Bäume mit ihren gewaltigen Luftwurzeln. Und es gibt eine unendliche Stille, eine totale Reglosigkeit. Keine Zikaden. Keine Vögel, außer – einmal – das ferne Gurren einer Taube. Keine Eidechsen. Nur das Rauschen der Palmwedel. Nur das Knistern der Trockenblumen. Nur das Schlurfen von Putzfrauen, die die Totenhäuser der großen Familien von Spinnen und Geckokot befreien. Das Grab von Giuseppe Monteleone fand ich nicht. Alles trist. Alles umringt von einer unendlichen Trostlosigkeit. Am Horizont der Karst.

17.

Wie viel schöner, ja fast idyllisch ist dagegen die letzte Ruhestätte des August Graf von Platen, die ich am Rande des Parks des Grafen Landolina aufgespürt habe. Wir müssen eigentlich von Ruhestätten sprechen, denn der fränkische Dichter ist gleich drei Mal bestattet worden, unmittelbar nach seinem Tod, dann im Jahr 1869 und schließlich zum Zentenarium seines Ablebens ein weiteres Mal. Das war 1935, die Gedenkfeier war pompös nationalistisch, wenn nicht gar faschistisch getönt, wofür der arme Dichter nichts konnte. Dass Platen in Sizilien solchen Nachhall fand, muss im Zusammenhang mit seinem frühen Tod in Syrakus und mit seiner Bestattung dort zusammenhängen. Für die feierliche Errichtung der Stele 1869 reiste eine Delegation aus Bayern und seiner Geburtsstadt Ansbach an. Der bayerische Ministerpräsident Fürst Chlodwig zu Hohenlohe schickte ein glühendes Trauertelegramm. Das angereiste Komitee wurde von dem Geologen und Ätna-Forscher Baron Wolfgang Sartorius von Waltershausen angeführt. Der Grabreden gab es viele, und Mädchenklassen aus Syrakusaner Volksschulen legten Blumengebinde und Lorbeerkränze an den Fuß der Stele.

Weder bei diesem Festakt noch im Rahmen der Feierlichkeiten von 1935 noch in den in italienischer Übersetzung zu diesen Anlässen erschienenen Gedichtbänden wurde an die zwei sizilianischen Gedichte von August von Platen, *Hymnus aus Sizilien* und *In Palermo*, erinnert. In dem *Hymnus* hält Platen den Raub der Persephone durch Hades und ihre Verschleppung in die Unterwelt bestimmend für das Schicksal Siziliens: »Und seit entledigt dieses Land / der holden Obhut, schmachtet es in trägem, unermesslichem Zauberschlaf …« Offenbar fand dieser »träge Zauberschlaf« der Sizilianer keinen rechten Anklang bei den Veranstaltern, und auch nicht der folgende Passus über die Eroberung Siziliens durch »Germaniens Helden«.

In Tomasi di Lampedusas *Der Leopard* fand ich bei erneuter Lektüre eine verblüffende Übereinstimmung mit Platens Ansicht vom sizilianischen »Zauberschlaf«. In dem berühmten Zwiegespräch zwischen dem Fürsten und dem piemontesischen Gesandten Aimone Chevalley lässt Tomasi den Fürsten die erzplatensche Meinung äußern: »Den Schlaf, lieber Chevalley, den Schlaf wollen die Sizilianer, und sie werden immer den hassen, der sie wecken will, brächte er ihnen auch die schönsten Geschenke.«

18.

Heute wieder auf dem Markt. Die riesengroßen Augen der Schwertfische begrüßen mich. Außer ihnen und den Köpfen, die dazugehören, ist alles schon weggehackt, fortgeschnitten, verkauft, verputzt. Daneben die blutroten Blöcke der Thunfische, das Silberweiß der *spigola*. Früher ging ich täglich zum Markt, auch wenn ich gar nichts einzukaufen hatte, aus schierem Vergnügen an all den Farben, Formen, Düften im hellrosa Licht unter den Planen. Der Markt ist der laut brodelnde Bauch von Ortigia.

Aber wie alles in Ortigia hat sich auch die Marktstraße im Lauf der Jahre verändert. Mit Ausnahme von Borderi, berühmt für seine turmhoch belegten Panini, und von Fratelli Burgio, dem edlen Feinkostladen, gab es früher ausschließlich Obst-, Gemüse-, Gewürz- und Fischstände. Und auch Stände für Nüsse, für getrocknete Früchte, für diverse Olivenöle und Käsespezialitäten. Jetzt hat sich der Gewürzladen in einen Imbiss verwandelt, andere Flächen werden zunehmend für den Betrieb von Kantinen und Garküchen verwendet. Wie die Märkte in Berlin, Madrid oder Paris ist mein geliebter Markt mehr und mehr zu einer Fressstraße mutiert. Das hat seine Gründe. Immer weniger Menschen sind bereit, ihre Zeit mit Kochen zu verbringen. Ein gutes Gericht aus vielen frischen Zutaten kann zwei, drei Stunden Vorbereitung fordern: das Rezept studieren, einkaufen, schnippeln und hacken und dünsten und rösten. Das erklärt den Siegeszug von Fast Food und beschwört das Bild von einer Menschheit herauf, die nur noch Vorgefertigtes verschlingt und die Welt nach und nach verzehrt. Die Kinder hier, die mir immer so rank, so schlank und alert erschienen, werden dicker und bringen mein Italienbild ins Wanken.

Nach regenreichen Wochen hat endlich der Antiquar seinen Stand auf dem Markt wieder aufgeschlagen, umringt von Artischockenbergen und Orangenpyramiden. Ich finde ein Buch, das ich seit Langem suche, ein Kompendium der touristischen Werbeplakate für Syrakus von 1950 bis 2003. Im Rückblick sehen diese Plakate durchweg bieder, ja altbacken aus. Vor vierzig, fünfzig Jahren mögen es aufregende Grafiker gewesen sein, die sie entworfen haben. Es teilt sich nicht mehr mit. Zudem ist das benutzte Vokabular äußerst reduziert: Papyrusstaude, Venus Landolina, Theaterrund, Domfassade. Sonne. Recht viel mehr ist nicht.

Bei den Veranstaltungsplakaten fällt auf, dass vor dreißig Jahren in Syrakus offenbar mehr los war als heute: argentinische Tanzgruppen, die Martha Graham Dance Company, 1992 das Bolschoi im Griechischen Theater. Im Großen Saal des Castello Maniace gab es im September 1997 noch die Verleihung des Premio Vittorini, mit Manuel Vázquez Montalbán und Giulio Einaudi, gefolgt von einem *Carosello Equestre* der Carabinieri. Man muss sich das vorstellen: die Preisvergabe, eingehüllt in Wolken von Sägemehl und durchschossen von pyrotechnischen Glanzlichtern. Warum findet heute dergleichen nicht mehr statt? Warum ist das Teatro Comunale toter als tot?

»Was halten die Leute von Catania von diesem toten Syrakus?«, frage ich Dora, die ich zufällig auf dem Markt treffe und mit der ich einen *caffè* bei Burgio schlürfe.

»Catania ist Marrakesch!«, ruft Dora Suma. »Die Catanesen

sind Händler, sie sind auf Kaufen und Verkaufen aus, sie wollen Profit machen. Nach Syrakus schauen sie mit Neid.«

»Wie das?«

»Die Syrakusaner sind für sie Griechen. Ernste Griechen. Griechen, die von der Geschäftemacherei keine große Ahnung haben.« Nach einer Pause fügt sie hinzu: »Sie schauen gerne aufs Meer, auf die Schiffe. Sie sind, wenn du willst, kontemplativ veranlagt. Man kann auch sagen, sie haben eine lange Leitung.«

Im Grunde stimmt, was Dora sagt. Ortigia hat, wenn man nicht gerade in einer von Touristen überfüllten Gasse ist, eine eher ruhige Gangart, und zur Siesta-Zeit senkt sich eine fast schon beunruhigende, überirdische Stille auf die Piazza del Precursore.

19.

Munterer geht es in den Sommermonaten auf den Solarien zu. Die Sizilianer bezeichnen mit *solarium* eine große Plattform aus festen, aneinandergefügten Spanholzplatten auf einem Gerüst aus Eisenstangen über dem Meer. Meist führt eine Treppe von dieser »Sonnenterrasse« direkt ins Wasser. Knapp zweihundert Meter von meiner Wohnung entfernt, die schmale Via Minniti hinunter, gelangt man zu der spanischen Bastion Vigliena. Dort, an der felsigen Küste, steht ein Solarium, das die Kommune zu Beginn des Sommers, meist Mitte Juni, aufbauen und Mitte Oktober vor den Herbststürmen wieder abbauen lässt. In den heißen Monaten schwimme ich dort oft zwei-, dreimal am Tag, manchmal schon vor dem Frühstück ein erstes Mal. Das Wasser ist dann herrlich, rein gewaschen von der Nacht, schmeichelnd und unendlich klar.

Geht man wie ich hier regelmäßig schwimmen, fallen einem die zu jeder Tageszeit so unterschiedlichen Besucher auf. Ganz früh treffen sich die »Sportiven«: sehnige Männer, auch Frauen, mit Schwimmflossen, manchmal auch Handflossen und schnittigen Badekappen, die zu den entschlossenen Gesichtszügen passen. Meist kraulen sie die Strecke von der Bastion bis zum Castello Maniace und zurück. Rund vier Kilometer.

Zwischen neun und zehn Uhr dann der Auftritt der älteren Damen. Sie setzen sich neben dem Solarium, geschmückt mit grünen Ohrringen und Glasperlenketten, auf einen der zahlreichen Steine an der Wasserscheide und lassen ihre alten, knotigen Beine mit der Pergamenthaut bis zum Knie vom Wasser umspülen. Meist sind es kleine Grüppchen, zwei oder drei Frauen, die sich kennen und beim Plätschern ohne jede Pause palavern. Die Farbe ihrer Haut erinnert an die von Bauern im südlichsten Indien. Einmal am Morgen, als ich zum Schwimmen kam, garnierten rund zwanzig Flipflop-Paare den Eingang zur Treppe, die ins Wasser führt. Spontan musste ich an den Eingang einer Moschee denken, wo die Gläubigen ihre Schuhe abstreifen. Hier war eine Schulklasse ins Meer gestiegen, samt Lehrerin, die den Unterricht in das nasse Element verlagert hat.

Ab elf Uhr naht eine eher bunte Truppe: Touristen, ältere Paare aus der Umgebung, ein paar junge Leute, die gerade das Bett verlassen und die *colazione* zu sich genommen haben. Die wirklich Schicken unter den Jungen meiden das Solarium und gehen auf einen großen, breit hingelagerten Felsen, den ein

Steg mit dem Hauptfelsen, auf dem die Bastion steht, verbindet und von dem sich aus drei Meter Höhe vorzüglich in das tiefe Ionische Meer springen lässt. Nicht nur auf dem Solarium, auch auf diesem Felsen herrscht ein reger Wechsel. Später kommen auch einzelne Frauen, sichtbar aus einer ärmeren Schicht. Sie erinnern mich an die einsamen Frauen von Cesare Pavese, an die Schneiderinnen und Ladenangestellten von Turin.

Ab siebzehn Uhr dann erscheinen die Liebhaber der späten Farben. Das Meer ist schön müde, ein Gran wärmer als am Morgen. In die jungen Leute aus der Nachbarschaft mischen sich auch einige Veteranen. Einer von ihnen, mit üppigem schlohweißem Haarkranz, kommt stets mit Hund. Dieser Hund ist ein beeindruckender Schwimmer und folgt seinem Herrn auch weit ins offene Meer hinaus. Ein dickbauchiger Mann aus der Via Veneto, wo er ein Antiquitätengeschäft betreibt, bringt manchmal unter dem Arm eine dicke rötliche Katze mit. Sie geht mit ihm schwimmen, sogar mit sichtlichem Behagen. Es ist die einzige Katze auf der Welt, die ich kenne, die derlei tut. Noch etwas später kommen vier *ragazzi* mit fantasievollsten Tätowierungen auf Ober- und Unterschenkeln. Sie haben sich in den Kopf gesetzt, bei Sonnenuntergang das Solarium zu erobern und daraus ein Fußballfeld zu machen, und es gelingt ihnen. Die letzten Badegäste weichen vor diesen brillanten Tüftlern zurück, die den Ball über Unterschenkel, Ferse, Rist rollen lassen, bis er durch einen Zaubertrick wieder auf dem Kopf landet und von dort abrollt auf die hintere Hacke des Nebenspielers. Einmal fällt der Ball ins Wasser, und einer der vier, ein rothaariger, drahtiger Typ, springt hinein, strauchelt durch die glatten Steine, schreit plötzlich auf: »*Una medusa!*«, und zeigt uns sein von der Berührung mit den Quallennesseln sofort bös angeschwollenes rotes Handgelenk.

20.

Seit mehr als sieben Jahren sehe ich von meiner Terrasse Nacht für Nacht das wiederkehrende Licht des Leuchtturms, der an der Spitze von Plemmirio steht und den Schiffen die Einfahrt in den Porto Grande weist. Sein Pendant, der Leuchtturm auf der Ortigia-Seite, ist eingelassen in eine Ecke des Castello Maniace, grün gestrichen und gedrungen.

Heute ist es so weit. Ich miete einen Fiat 500 plus bei »Sicily by Car« auf dem Corso Umberto. Ich möchte endlich diesen Leuchtturm in Plemmirio besuchen und nebenher die Halbinsel erkunden. Der Leuchtturm hat einen eigenartigen Namen: *Faro di Capo Murro di Porco.* Einige meinen, er spiele auf die felsige Extremität des Kaps an, die einer Schweineschnauze gleiche.

Auf Plemmirio ist alles schwer zu finden, das Gewirr kleiner Straßen und Pisten ist groß, der Mangel an Wegweisern vollkommen. Mehrmals gelange ich auf einer Stichstraße zum Meer, die sich im felsigen Nirgendwo verläuft. Je mehr ich mich der Spitze der Halbinsel nähere, desto karger wird die Vegetation, desto steiniger die Erde. Schließlich gibt es nur noch Geröll, stachliges Kraut, ein paar Zwergpalmen. Hier bei den Felsformationen an der Küste wurden die großen Quader für den Minerva-Tempel, für den Apollo-Tempel abgetragen und mit dem Schiff – was offenbar einfacher war als auf dem Landweg – nach Ortigia verbracht.

Endlich erreiche ich das Kap, auf dem der Leuchtturm steht. Vom Land her ist dem achteckigen, weiß getünchten Turm ein flaches Gebäude vorgelagert, in dem sich wahrscheinlich die Wohnung des Wärters und Maschinenräume samt technischem Zubehör befinden. Es ist ein reiner Zweckbau, die ursprüngliche Symmetrie der Fenster durch Umbauten gestört, der Putz abbröckelnd. Das Klima muss im Winter höllisch sein, peitschende Winde, enorme Böen, eine gewaltige Brandung mit haushoher Gischt. Leider ist der Zutritt zu dem Gebäude verwehrt, aber es gibt auch nicht sehr viel mehr zu sehen. Mich erfasst ein Gefühl der Zufriedenheit. Ich weiß nun genau, woher das weiße Licht kommt, das im Abstand von je fünfzehn Sekunden einen Strahl über das Ionische Meer bis nach Ortigia wirft. Von einem sehr einsamen Turm. Von einem trostlosen Ort. Von einem Horizont, der menschenleer ist in jede Richtung. Auf der Rückfahrt denke ich, dass sich an diesem Kap auf Plemmirio seit dreitausend Jahren nichts verändert hat. Ein Bild der Unwirtlichkeit an sich.

21.

Jeden Sonntag verwandelt sich die sonst metaphysisch stille Piazza Santa Lucia im Borgata-Viertel in einen lärmenden Flohmarkt. Auf wackligen Tischen liegt ausgebreitet viel Ramsch, alte Schallplatten, Spielzeug, Fake-Keramik, Früchte aus buntem Glas, von Silberfischchen angenagte Druckgrafik aus dem 19. Jahrhundert, die Interieurs eines orientalisch-hedonistischen Griechenlands zeigt. Jede Menge zerfledderte Bücher. Mehr als all die zur Schau gestellte Ware interessieren mich die Kunden, die Flaneure, besonders die Frauen, die an diesem warmen Tag ihre Pracht auf erstaunlich kurzen Beinen zeigen.

Bei ihrem Anblick fällt mir das merkwürdige Kapitel über Syrakus in George Russells *A Tour through Sicily* von 1815 wieder ein, in dem er Papyruspflanzen, die Mündung des Cyane-Flusses, Klima, Weinreben und Frauen auf erstaunliche Weise bündelt. Zu den Frauen fällt ihm nicht viel ein: »Allgemein gesagt sind die Frauen von Syrakus gut gebaut. Ihr Antlitz weist auch heute noch jene griechischen Züge auf, für die es früher zu Recht so gepriesen wurde. Sie kleiden sich keusch und tragen den Schleier in der eleganten Weise wie schon die Königin Philistides auf den antiken Medaillons. Viele der jungen Frauen dieser Stadt sind so schön und lieblich in Person wie lebhaft und angenehm im Gespräch. Ihr Lieblingsinstrument, die Gitarre, spielen sie ausgezeichnet und begleiten sich selbst mit Gesang.« Originalität scheint Russell nicht zu kennen. Noch hölzerner fährt er fort: »Viele dieser Frauen heiraten sehr jung, zwischen 14 und 17 Jahren, und altern deshalb auch schnell. Theokrit hat in seiner 23. Idylle diesen frühen Verfall der Schönheit beschrieben. Auf den Punkt gebracht: Die Milde des Klimas, der Wohlgeschmack des Weins und die unwiderstehliche Faszination der Frauen, all dies zusammen bereitet höchsten Genuss.«

Kann man das noch toppen? Russell tritt selber den Beweis an. Als die Reisegruppe die Stadt Richtung Catania und Ätna verlässt und der Maultiertreiber an einer Biegung des Weges sagt, dass sie hier zum letzten Mal Syrakus ansichtig werden könnten, rufen die Reisenden spontan aus (ich kann das nur im Original wiedergeben): *»Adieu, oh! metamorphosed, yet splendid Syracusa! – Adieu, oh! greatly fallen, yet magnificent Syracusa! – Adieu, charming Syracusa! – Once more, we bid thee adieu!«*

22.

Die Ausflüge nehmen zu. Man könnte denken, Ortigia fange an, mich zu langweilen. Aber ich folge nur den Lockrufen von Freunden, die sich in der Umgebung von Noto und Syrakus niedergelassen haben und nun besucht werden wollen.

Heute ging es mit dem Interbus nach Pachino, um Elena Montana zu treffen, die gerade mit ihrem Mann, dem Schauspieler Enrico Lo Verso, ein stark reparaturbedürftiges Gehöft am Rande von Vendicari gekauft hatte. Treffpunkt war das Caffè al Ciclope am zentralen Platz des Städtchens. »Die Piazza Vittorio Emanuele hat ihre Reviere«, berichtete Elena, »die rechte Ecke mit den Bänken gehört den Fischern im Ruhestand, diese Ecke den alten Bauern und die andere Ecke dort drüben den Arbeitslosen, den Privatiers.«

Auf der Fahrt von Syrakus hierher fielen mir einige schöne Plätze auf, die mir bei einer früheren Fahrt entlang der Südküste entgangen waren. In Avola kauerten drei riesige schwarze Löwen um einen Brunnen wie um eine glitzernde Tränke. Ein weiterer Platz in Avola war ganz von blühenden Jacaranda-Bäumen umstanden, die noch keine Blätter hatten. Es war wie blaues Konfetti, wie eine riesige azurblaue Wolke, die über der Fontäne schwebte.

Nach einer überköstlichen *Granite ai mirtilli*, einer Spezialität des Zyklopen, fuhren wir weiter nach Portopalo, der südlichsten Spitze von ganz Sizilien. Ein grünes, unendlich klares Wasser in einer Sandbucht lud zum Schwimmen ein. In einem einfachen Lokal beim Hafen oberhalb einiger morscher Fischerboote wartete Enrico auf uns. Er hatte ein prächtiges

Essen bestellt. Rohe rötliche Garnelen türmten sich neben eleganten orangenfarbenen Krevetten und winzigen panierten Oktopussen zu einer Skulptur, die es fröhlich zu zerstören galt. *Benissimo!*

Enrico brachte das Gespräch auf Pier Paolo Pasolini, der 1959 für die Illustrierte *Successo*, so etwas wie die *Gala* jener Zeit, eine Reisereportage schrieb, die ihn auch nach Portopalo führte. Der Titel: *La Lunga Strada di Sabbia* – »Die lange Straße aus Sand«. Pasolini fuhr die gesamte italienische Küste mit einem kleinen Fiat ab – von Ventimiglia und Sanremo die tyrrhenische Küste über Ostia und Amalfi hinunter bis nach Messina, dann entlang der ionischen Küste über Catania und Syrakus und schließlich die ganze adriatische Küste wieder hoch, von Brindisi und Bari über Pescara, Riccione bis nach Triest. Immer wieder beschreibt er Augenblicke vollständigen Glücks, berauscht von Farben, von Gerüchen, von einem »Mond, größer, als ich ihn jemals gesehen habe«. Enrico sprach von Pasolinis Fähigkeit, glücklich zu sein trotz Verzweiflung, trotz akut erlebter Vergänglichkeit. Das mache auch seine Gedichte so stark, so widerstandsfähig.

Wieder zu Hause, suche ich das Buch und lese die ganze Passage noch einmal nach. Pasolini kommt im Juli 1959 nach Syrakus. Am Hôtel des Étrangers entdeckt er ein Plakat, das die Aufführung von Shakespeares *Wintermärchen* in den Latomien ankündigt und die Mitwirkenden, soweit sie berühmt sind, auflistet. Er entdeckt Adriana Asti, eine Schauspielerin, die er verehrt und mit der er befreundet ist. Er sucht sie und findet sie schließlich in der Villa Politi. »Mit lauten Rufen«, so schreibt er, »umarmen wir uns, steigen ins Auto, und weg sind wir, über dem Meer von Syrakus. ›Weißt du, es ist herrlich hier! Ich werde nicht wieder fortgehen‹, ruft ihm Adriana zu, ›ich lasse mich von einem sizilianischen Baron entführen, zu Dutzenden haben sie mich in Palermo umschwärmt.‹«

Pasolinis Prosa in dieser Reportage ist einfach, aber von schönem Rhythmus und deshalb eingängig. Ich glaube, dass ihm die Illustrierte diesen Stil nicht aufgezwungen hat. Er spricht von seinem Glück und sucht dafür eine neue Einfachheit in der Sprache. Hier eine längere Passage, um meine Ansicht zu verdeutlichen: »Ganz ohne Absicht fließt uns der Anapo über den Weg. Undenkbar, dass wir uns das entgehen lassen. Wir schlagen eine kleine staubige Straße ein, die an einem scharf riechenden Süßholzfeld entlangführt, und dann, gesäumt von einer Reihe Oliven, Johannisbrot und Feigenkakteen, ist da der Anapo, der warm und grün dahinfließt, schwer hängen Papyrusstauden in der Strömung. ›Papyrus, Papyrus!‹, ruft Adriana freudig. ›Den gibt es nur in Ägypten und hier, kannst du dir das vorstellen?‹ Ein vorbeikommender Junge hört sie, und nein, ich übertreibe bestimmt nicht, er hat wirklich ein Gesicht aus der Antike, ich weiß nicht genau, ob phönizisch, alexandrinisch oder das eines römischen Schreibers, und diese kantigen Schultern, wie man sie nur auf Vasenmalereien findet. Der Junge läuft ohne ein Wort hinab ans tiefgrüne Ufer des Anapo und rupft drei lange Papyrushalme mit ihrem Schopf aus feinen grünen Fransen heraus. Er reicht sie Adriana, die sie voller Freude entgegennimmt und in der Hand hält.«

Dieser Abschnitt im Buch endet in Portopalo, dem Dörflein, wo ich noch heute Mittag mit Elena und Enrico geprasst habe, genau an der Stelle, wo sich Ionisches Meer und afrikanisches Meer treffen, mit Blick auf eine winzige Insel, die von einer Befestigungsanlage aus spanischer Zeit dominiert wird.

Dorthin, über einen kleinen Meeresarm, lässt sich Pasolini von einem jungen Mann rudern, und in der hereinbrechenden Nacht badet er »am ärmsten und entlegensten Strand Italiens«.

23.

»Du bist ein Gegner der Wasserwaage?«

»Wie kommst du denn da drauf?«, fragt Gaetano, den ich seit längerer Zeit wieder in seinem Atelier besuche.

»Ganz einfach. Es gibt keine geraden Linien auf deinen Bildern. Alles onduliert. Als führe durch die Formen ein sanfter Wind, eine Gondel durch jede Welle.«

»Was du ›ondulieren‹ nennst, kommt vom Ätna. Alles bebt ein bisschen. Du weißt, er bricht immer wieder aus. So sind die Vulkane. Das führt zu tektonischen Verschiebungen, die du noch in Syrakus spürst.«

»Und das führt zu schiefen Balkons, verhunzten Zwergpalmen und zerbrochenen Säulen?«

»Ich muss dir etwas Schreckliches gestehen. Ich bin meines Vokabulars, dieses ganzen Arsenals an Formen und Symbolen, überdrüssig. Diese Insel verzaubert, aber sie hat auch etwas Lähmendes. Warum haben alle wichtigen Künstler Sizilien verlassen? Guttuso, Pirandello, Vittorini. Sie sind nach Rom gegangen, nach Mailand. Manche sind zu ihrer Insel zurückgekehrt, gestärkt durch andere Dinge, erneuert. Andere, wie Vittorini, blieben ihr fern. Ich hätte die Kraft haben sollen, auch einmal wegzugehen. Aber ich bin immer in Ortigia geblieben. Ich habe jetzt etwas Neues versucht. Ich zeige dir, wenn du Zeit hast, ein paar dieser neuen Sachen.«

Aus dem hinteren Teil des Ateliers trägt er eine Leinwand nach der anderen heran und stellt sie auf eine der drei Staffeleien im vorderen Raum, der viel bessere Lichtverhältnisse hat. Es sind merkwürdige Bilder. Straßen in südlicher Landschaft. Weiße Striche auf Asphalt. Ein Schnittmuster, Markierungen. Anweisungen zum Abbiegen, zum Halten. Ich sehe eine Kühlerhaube, ein Straßenstück, den Beginn einer Kurve. Manche Bilder sind Abendbilder, mit Scheinwerfern, die Bäume aus der Dunkelheit schneiden, auch Unterholz am Straßenrand, das aufflammt, schön anzusehen.

»Das sind meine Suchbewegungen«, sagt Gaetano. »Vielleicht alles Blödsinn. Aber ein paar Wochen hat es mich sehr beschäftigt.«

Die Bilder sind seltsam. Sie begeistern mich nicht, und er spürt es.

»Suchbewegungen?«, frage ich. »Wohin führen die?«

»Komm, das verstehst du doch besser als ich. Deine Gedichte, das ist doch auch Suche, Widerstand gegen den Verlust der poetischen Ausdrucksmöglichkeiten.«

24.

Kann das heutige Syrakus einen Philosophen in Versuchung bringen, so wie damals, vor langer Zeit, Platon versucht wurde von einer Stadt gleichen Namens? Auf meinen Spaziergängen durch Ortigia und die Neustadt stelle ich mir diese Frage immer wieder. Ich glaube, im Altgriechischen gab es kein Wort, das dem *mezzogiorno* entspricht, dieser Bezeichnung, die erst im 19. Jahrhundert für den Süden Italiens verwendet wurde, die arme Region, und für Sizilien, die südlichste Spitze, die ärmste Region, die im Sommer heiß war, ausgetrocknet, rissig, von Erdbeben geplagt und anderen Katastrophen. Zur Zeit der *Magna Graecia*, die auch Platons Zeit gewesen war, galt Sizilien als blühende Insel, reich an Getreide und Gemüse, eine Vorratskammer für die restliche griechische Welt, und inmitten dieses Gartens lagerte Syrakus als glänzende Kapitale.

Davon kann heute keine Rede mehr sein, und es fehlen auch all die anderen Koordinaten, die Platon und seinesgleichen angezogen haben mochten. Es gibt keine Tyrannen mehr, die philosophische oder künstlerische Neigungen erkennen lassen. Die herrschende Klasse ist absolut fantasielos. Der Regierende von Syrakus ist ein trüber Kommunalpolitiker, ein Parteitaktiker ohne das Zeug, zu inspirieren oder gar Funken zu schlagen. Der viermalige Bürgermeister von Palermo, Leoluca Orlando, ist vielleicht der Einzige, der so viel Charisma besaß, dass er Künstler und Intellektuelle für einige Jahre in seinen Bann zu ziehen wusste.

Städte denken selten über ihre Niedergänge nach. Diese geschehen meist auch nicht plötzlich, durch einen Krieg oder eine Katastrophe, sondern langsam und in quälenden Etappen. Oder eine Mischung von beiden. Das große Erdbeben von 1693 war eine solche Katastrophe. Aber Syrakus zog nicht – wie Noto, wie Avola – an einen anderen Ort, um dort wiederaufzuerstehen. Ortigia sollte nicht aufgegeben werden, man blieb in der Enge der Insel. Für den barocken Wiederaufbau gab es also eine vorgegebene Kubatur. Das ist ein Grund für die schöne Einheitlichkeit der alten Viertel mit ihren Balkons, ihren Verzierungen, der Einfassung ihrer Fenster und Türen mit honigweißem Sandstein.

Es war über die Jahrhunderte ein sanfter Fall. Von der Ein-Millionen-Metropole im 4. Jahrhundert v. Chr. zur Provinzstadt Ende des 19. Jahrhunderts mit rund 120 000 Einwohnern gab es ein Schrumpfen nach dem anderen, ein Klein- und Kleinerwerden, ein Sinken. Die Römer waren Plünderer und beuteten Syrakus aus, die Byzantiner und nach ihnen die Araber brachten keinen Aufschwung, die Normannen interessierten sich fast ausschließlich für Palermo, die Spanier dachten nur strategisch und militärisch. Alles nicht gut für die Stadt. Hätte Syrakus eine Spezialaufgabe gehabt – Tor zu Nordafrika, wichtigster Hafen auf dem Weg nach Alexandria und in die Levante –, wäre der Gang in den Ruhestand wahrscheinlich noch schwieriger gewesen. Die Inspiration, die Syrakus einst Ruhm und Anerkennung gebracht hatte, eine Mischung aus Schönheit der Landschaft und großartigem geistigem Erbe, ist dahin. Die Inspiration heute ist Geld, die Ideologie der Materialismus. Das klingt harsch. Weil die alte Größe aber doch noch durchscheint, weil sie nicht vergessen werden darf, gibt es immer noch diese besondere Kraft, die wir spüren, wenn wir Ortigia umrunden.

Ich spüre diese Kraft auch in den Gesprächen mit meinen Freunden hier. Sie schöpfen diese Kraft aus der Randlage ihrer Insel und, schwer zu glauben, aus einer Melancholie, die durch das Nichtvergessen von Geschichte entsteht.

25.

Stichwort Melancholie: Was habe ich all die Zeit über getrieben? Die Tage gehen dahin, man schläft, man wacht auf, man verliebt sich von Neuem in den Anblick des Ionischen Meeres, man dämmert mit halb geschlossenen Augen, träge wie ein Gecko, in der Mittagssonne, man schwimmt, man sucht den Schatten, man macht ein paar Notizen, diese Notizen, und fragt sich, ob sie Bestand haben werden.

Jetzt, da ich in Kürze nach Berlin fliegen und für ein paar Wochen Syrakus Lebewohl sagen muss, kreisen meine Gedanken wieder, wie so oft, um diese Stadt. Im Vergleich zu dem Syrakus, das Seume sah, das Gregorovius noch als »antiquarische Wüste« erlebte, was vielleicht in den 1950er-Jahren, als Vincenzo Consolo noch einmal in die Stadt kam, sehr abgeschwächt immer noch stimmen mochte, spüre ich heute in Ortigia eine allgemeine Bewegung zur Gegenwärtigkeit des Lebens, sodass die Überreste aus griechischer und römischer Zeit wieder eine ungeheure Wirkung entfalten. Die tieferen Schichten sind da, auch dort, wo sie ganz überwachsen sind. René König, der bekannte deutsche Soziologe, spricht in seinem Sizilien-Buch so schön von »einer fugenlosen Einheit des Lebens«.

Hierfür steht in Ortigia der Dom. Es gibt Bauwerke, die eine Stadt und ihre Geschichte symbolisieren, in denen das Gedächtnis des Vergangenen in der physischen Substanz des Heutigen zu greifen ist und in denen Anschauung und Erinnerung mit der Schichtung des Steins einen Dialog führen. Der Dom führt diesen Dialog. Man könnte denken, dass das Neue, das Barocke, weil es sich in der Ummantelung nicht versteckt, in einem Fiasko endet. Aber hier überzeugt es. Fast herrscht ein Gefühl von ruhiger Unausweichlichkeit vor, als wäre der Tempel-Dom im Schlaf vollendet worden, in jenem unermesslichen Schlaf, von dem Tomasi di Lampedusa spricht.

26.

Lucio ruft mich an und sagt, morgen lade sein »Kollege« Baron Pietro Beneventano del Bosco in seinem Palast zu einem Hauskonzert ein. Ob ich nicht Lust hätte, mitzukommen. Ich habe Lust. Den Beneventanos gehört der größte Palast am Domplatz. Bourbonen-Könige, Admiral Nelson und Lady Hamilton, seine Emma, weitere Berühmtheiten und ihre sagenschönen Konkubinen übernachteten hier. Beneventano selbst gilt als bedeutender Sammler von Autografen und Dokumenten zur Stadtgeschichte und als begnadeter Geschichtenerzähler. Das alles macht mich sehr neugierig. Es kommt hinzu, dass ich gerne ein weiteres Exemplar des sizilianischen Adels kennenlernen möchte.

Neulich habe ich Paola getroffen, die das Hotel Gutkowski leitet. Sie erzählte mir von ihrer Mutter, die wie ihre Großmutter, die berühmte *Marquesa,* Extravaganzen liebte und in ihrem Anwesen in Cassibile Hof hielt. »Einmal mehr musste ich bei meinem Besuch feststellen, dass im Kopf meiner Mutter nicht viel los ist. Es war zum Verzweifeln«, und sie fügte hinzu: »Weißt du, die Adeligen hier in Sizilien haben Latifundien. Sie haben oder hatten sehr viel Geld. Haltlos und gedankenlos zogen sie von Fest zu Fest, von Grand Hotel zu Grand Hotel, von Spielsaal zu Spielbank. Auch meine Großmutter. Sie war groß, schlank, hatte jenen geschmeidigen Schritt, den die Venezianer den *Windhündinnengang* nannten. Ich möchte nicht wissen, wie viele Affären sie hatte, bevor sie diesen Gutkowski, diesen hübschen polnischen Offizier, kennenlernte und alle anderen Freier beiseiteschob.«

Auf dem Weg zum Palazzo Beneventano fällt mir dieses Gespräch wieder ein. Der Palast bietet sich in all seiner barocken Pracht dem Auge als Abschluss der Piazza Minerva dar. Ich gehe an den aus der Domwand tretenden dorischen Säulen entlang und sage mir, wie oft schon, dass diese Stadt ein zwischen Ruhm und Vergessenheit widerstreitendes Schicksal hat. Die Araber in Syrakus sind völlig in Vergessenheit geraten. Die verhassten Spanier sind nur deshalb präsent, weil sie nach dem großen Erdbeben ganz Ortigia nach ihrer Fasson wieder aufbauen ließen. Und der Staufer Friedrich II., obwohl kaum je hier, wird als Halbgott verehrt. Archimedes, vielleicht der bedeutendste Syrakusaner, das Genie des griechischen Siziliens, bleibt eine Legende zwischen Imagination und Wirklichkeit. Mit diesen Gedanken trete ich in den gewaltigen Innenhof des Palazzo.

Lucio hat mich angekündigt. Die Gastgeber, Barone Pietro und Baronessa Rosanna, stehen auf dem obersten Absatz der Freitreppe und empfangen mich auf liebenswürdige Weise. Sie führen mich durch eine Flucht von Zimmern an einem gigantischen grünen Billardtisch vorbei, einer Unmenge Konsolen, Kredenzen und dunklen Ahnenporträts, die in dichten Clustern die Wände bedecken, in einen großen, rechteckigen, luftigen Saal, an dem mich die Deckenmalereien, weil sie so leicht und so spielerisch sind, am meisten faszinieren. Von den fünf hohen französischen Fenstern geht der Blick direkt auf die Fassade des Doms und das von dem Architekten Vermexio ersonnene Rathaus. In diesem Saal wird das Konzert stattfinden.

Es bleibt nicht viel Zeit zur Konversation, zum Kennenlernen. Denn die Mitglieder des Quartetts aus Catania und eine junge Sängerin, Giulia Mazzara, aus Syrakus gebürtig, wie ich dem Programmheft entnehme, scharren schon mit den Füßen. Auch reiche britische Herrschaften, für die das Konzert in erster Linie gegeben wird, sind schon da, leicht vermischt mit lokalem Adel und hiesigen Geschäftsleuten. Der Monsignore darf natürlich auch nicht fehlen, ein noch junger, noch schlanker Mann im schwarzen Talar, der, wie mir zugeflüstert wird, bis vor Kurzem im Vatikan gearbeitet hat, in einer ganz herausgehobenen Position, jedoch in seine Heimatstadt zurückwollte. Gab es eine Verfehlung? Wir sollen nun alle gefälligst Platz nehmen, heißt es, auf hübschen, mit satingelbem Taft bezogenen Stühlen. Der Baron hält eine knappe Ansprache zur Geschichte des Hauses und zu den großen Geistern, die wir noch spüren könnten, Horatio, den Admiral natürlich und Emma und die Könige von Neapel und die hochmögenden Großmeister des Malteserordens. Dann setzt die Musik ein. Viel Italienisches, Puccini, Mascagni, berühmte Arien, auch *Casta diva* von

Vincenzo Bellini, die Maria Callas so unvergesslich gesungen hat. Giulia Mazzara schlägt sich gut, die knittrigen Herzen der alten Engländer fliegen ihr zu. Großer Applaus. Auch ich bewundere ihre Stimme, die modulationsfähig ist und über viele Register verfügt. Zum Abschluss tobt ein fetziges Musikstück durch den Saal: der Walzer aus der *Jazz-Suite* Nr. 2 von Dimitri Schostakowitsch. Alle erheben sich zum finalen Applaus. Die Stimmung ist gut, die Musiker sind leicht erhitzt, die Getränketheken belagert. Der Baron erfüllt seine Repräsentationsaufgaben eine halbe Stunde mit einer gewissen Nonchalance und viel Plauderei, dann nimmt er mich zur Seite.

»Ich möchte Ihnen das Archiv zeigen, dort lagern meine Autografensammlung und alle Dokumente, die mit der Geschichte des Palastes und mit meiner Familie zu tun haben.« Er führt mich zu einer Galerie neben der Hauskapelle. Über eine Wendeltreppe erreichbar, thront dort ein strahlend weiß gestrichenes Emporium mit zahlreichen mit römischen Ziffern versehenen Schubladen, randvoll gefüllt mit verschnürten und auch versiegelten Bündeln Pergamentpapier.

»Hier ruhen Schätze«, sagt Pietro, und dass er hoffe, er könne noch einige bergen, bevor er zu alt werde. Er sagt das ohne Wehmut, eher mit Angriffslust und mit einem schalkhaften Blitzen in den Augen.

»Jetzt ist nicht die Zeit, einige Dinge aufzublättern. Wir machen das ein andermal. Kommen Sie, wir setzen uns draußen auf den Balkon. Das ist im Sommer ohnehin der beste Platz im Palazzo.«

Er führt mich zu dem größten der drei Balkone, dem mittigen, mit einem fabelhaften Blick über die gesamte Piazza Duomo. Einige Stühle stehen bereits dort. Ein Diener kommt, in dunkelroter Livree, und bringt Gläser und Wein.

»Ich möchte Ihnen noch von einem Buchprojekt erzählen, das mir wichtig ist. Meine Familie hatte immer gute Beziehungen zu den Großmeistern des Malteserordens. Ich bin Mitglied des Ordens. Am letzten Generalkapitel habe ich teilgenommen. Es machte Spaß. Lauter weltgewandte, würdige Herren. Aber warum erzähle ich Ihnen das? In meinem Archiv gibt es Dokumente, die ein neues Licht auf Caravaggio werfen, auf seine Verhaftung in Malta, auf die Dinge, die ihm der Orden zur Last gelegt hatte. Auch Hinweise auf seine Flucht aus dem Gefängnis, zu seiner Zeit ein Hochsicherheitstrakt, und auf die Überfahrt nach Syrakus. Dieses Material ist neu, frisch. Nur ich kenne es. Ich möchte ein Buch darüber schreiben, auch um den oberflächlichen und mitunter albernen Bellori zu widerlegen.«

Nun kommt die Baronin hinzu. Sie hat die letzten Gäste verabschiedet und wirkt trotz ihrer siebzig Jahre unternehmungslustig.

»Überfällt Sie mein Mann wieder mit seinen Plänen? Plänen, die er leider, leider, leider nie ausführt.« Ja, drei Mal sagt sie das Wort »leider« mit hochgezogenen Augenbrauen.

»Sie müssen dieses Buch schreiben«, sage ich zu dem Baron. »Wir warten darauf.« Das sage ich mit allem Nachdruck, weil ich es in diesem Moment selber glaube.

Wir reden noch über seine Familie, über die hohen Kosten, die dieser Palast verursacht, über seine Jacht, die er mir *la prossima volta* zeigen will, wie auch ein paar erlesene Stücke aus dem Archiv.

Pietro ist mir als verschlossen und schwer zugänglich geschildert worden. Auch als misstrauisch. An diesem Abend merke ich nichts davon. Das ist ein Mann, der sich jenseits all der unsäglichen Pflichten, die sein Stand mit sich bringt, einen inneren Bereich bewahren konnte. Er liebt diesen Palast, er brennt für die Geschichte von Ortigia und für die Geschichte seiner Familie.

Als ich mich verabschiede, ist es schon spät. »*Mille grazie*«, rufe ich den beiden zu, und »*Ci vediamo*«, auf bald! Der Domplatz ist leer, so leer, wie ich ihn noch nie gesehen habe. Nur ein, zwei schemenhafte Gestalten huschen vorbei. Ich drehe mich noch einmal um. Im Palazzo gehen die Lichter aus. Als ich aus den Lichtkegeln der Piazza Minerva trete und in die dunkle Via Logoteta einbiege, zeigen sich mit einem Schlag die Sterne am schwarzen Himmel. Sie zischen mich an wie dicke Gedichte und machen die Zähne knistern vor Glück.

DANK

Allen Freunden, die mir mit Hinweisen geholfen haben, sage ich großen Dank. Allen voran Etta Scollo, die Erste, die in mir Begeisterung für Sizilien entfachte. Auch Baron Pietro Beneventano del Bosco und Baron Lucio Tasca di Lignari für ihre Gastfreundschaft, Dora Suma für ihre große Hilfsbereitschaft und Andreas Rossmann für sein sizilianisches Wissen, an dem er mich so freizügig teilhaben ließ, danke ich herzlich.

Einige der in diesem Buch agierenden Personen haben eine faktische, ganz reale »Grundlage«, haben sich aber ins Fiktionale fortgesetzt. Sie bitte ich um Nachsicht, in der Hoffnung, dass ihnen die Dreingaben zusagen.

Juni 2020 – September 2022
Syrakus und Berlin

LITERATUR

Alajmo, Roberto: *Palermo sehen und sterben*. Aus dem Italienischen von Karin Krieger. München 2007

Baedekers Mittelmeer. Seewege, Hafenplätze, Landausflüge. Leipzig 1934

Bellori, Giovan Pietro: *Das Leben des Michelangelo Merisi da Caravaggio*, zweisprachig. Göttingen 2018

Borchardt, Rudolf: *Gesammelte Werke in Einzelbänden, Übertragungen*. Stuttgart 1958

Brydone, Patrick / Beckford, William: *A Tour through Sicily And Malta in a series of letters to William Beckford*. London 1775

Bumm, Peter: *August Graf von Platen. Eine Biographie*. Paderborn/München/Wien 1990

Cibulka, Hanns: *Nachtwache. Tagebuch aus dem Kriege. Sizilien 1943*. Halle/Leipzig 1989

Cicero: *Reden gegen Verres V*. Aus dem Lateinischen übersetzt und herausgegeben von Gerhard Krüger. Stuttgart 1993

Consolo, Vincenzo: *Die Steine von Pantalica*. Aus dem Italienischen von Anita Pichler. Frankfurt a. M. 1996. Copyrights für das Zitat auf S. 100 f: © Vincenzo Consolo Estate, © der deutschen Ausgabe Suhrkamp Verlag Frankfurt am Main 1996

Ders.: *L'olivo e l'olivastro*. Mailand 1994

Cronin, Vincent: *The Golden Honeycomb*. New York 1965

Delius, Friedrich Christian: *Der Spaziergang von Rostock nach Syrakus*. Hamburg 1995

Di Lampedusa, Giuseppe Tomasi: *Der Leopard*. Aus dem Italienischen von Charlotte Birnbaum. München 1959

Di Silvestro, Pino: *August von Platen*. Palermo 1987

Dummett, Jeremy: *Syracuse City of Legends*. London / New York 2010

Durrell, Lawrence: *Sicilian Carousel*. London 1977

Edwards, Andrew / Edwards, Suzanne (Hg.): *Sicily. A Literary Guide for Travellers*. London / New York 2014

Fest, Joachim: *Im Gegenlicht. Eine italienische Reise.* Berlin 1988
Gregorovius, Ferdinand: *Wanderjahre in Italien.* München 1967
Guzzetta, Giuseppe: *Le Collezioni Numismatiche del Museo di Siracusa.* Catania 2012
Jünger, Ernst: *Ein Inselfrühling.* Tübingen 1949
König, René: *Sizilien. Ein Buch von Städten und Höhlen, von Fels und Lava und von der großen Freiheit des Vulkans.* Zürich 1943
Lewis, Norman: *In Sicily.* London 2000
Norcia, Giuseppina: *Syracuse. A Sentimental Dictionary of the City.* Syrakus 2016
Norwich, John Julius: *Sicily.* London 2015
Ortheil, Hanns-Josef: *Die Insel der Dolci.* Mit Fotos von Lotta Ortheil. Stuttgart 2013
Osterkamp, Ernst (Hg.): *Sizilien. Reisebilder aus drei Jahrhunderten.* München 1986
Pasolini, Pier Paolo: *Die lange Straße aus Sand. Italien zwischen Armut und Dolce Vita.* Aus dem Italienischen von Christine Gräbe und Annette Kopetzki. Wiesbaden 2021. Copyright für die Zitate auf S. 159 f: © 2015 by Corso in der Verlagshaus Römerweg GmbH, Wiesbaden
Robb, Peter: *Midnight in Sicily.* London 1998
Rossmann, Andreas: *Mit dem Rücken zum Meer. Ein sizilianisches Tagebuch.* Mit Fotos von Barbara Klemm. Köln 2017
Russell, George: *A Tour through Sicily in the Year 1815.* London 1819
Scandaliato, Angela / Mulè, Nucio: *Jewish Itineraries in Syracuse: The Synagogue and the Ritual Baths.* Florenz 2017
Scianna, Ferdinando: *Autoritratto di un fotografo.* Rom 2021
Sciascia, Leonardo: *Mein Sizilien.* Aus dem Italienischen von Martina Kempter und Sigrid Vagt. Berlin 1995
Ders.: *Schwarz auf Schwarz.* Aus dem Italienischen von Carola Diering. München 1991
Scollo, Etta: *Voci di Sicilia. Eine Reise durch Sizilien.* Hg. und aus dem Italienischen von Klaudia Ruschkowski. Wiesbaden 2020
Seume, Johann Gottfried: *Spaziergang nach Syrakus.* München 1994
Vittorini, Elio: *Die rote Nelke.* Aus dem Italienischen von Otto Eugen Zöller. Frankfurt a. M. 1951
Ders.: *Gespräch in Sizilien.* Aus dem Italienischen von Trude Fein. Berlin 1999

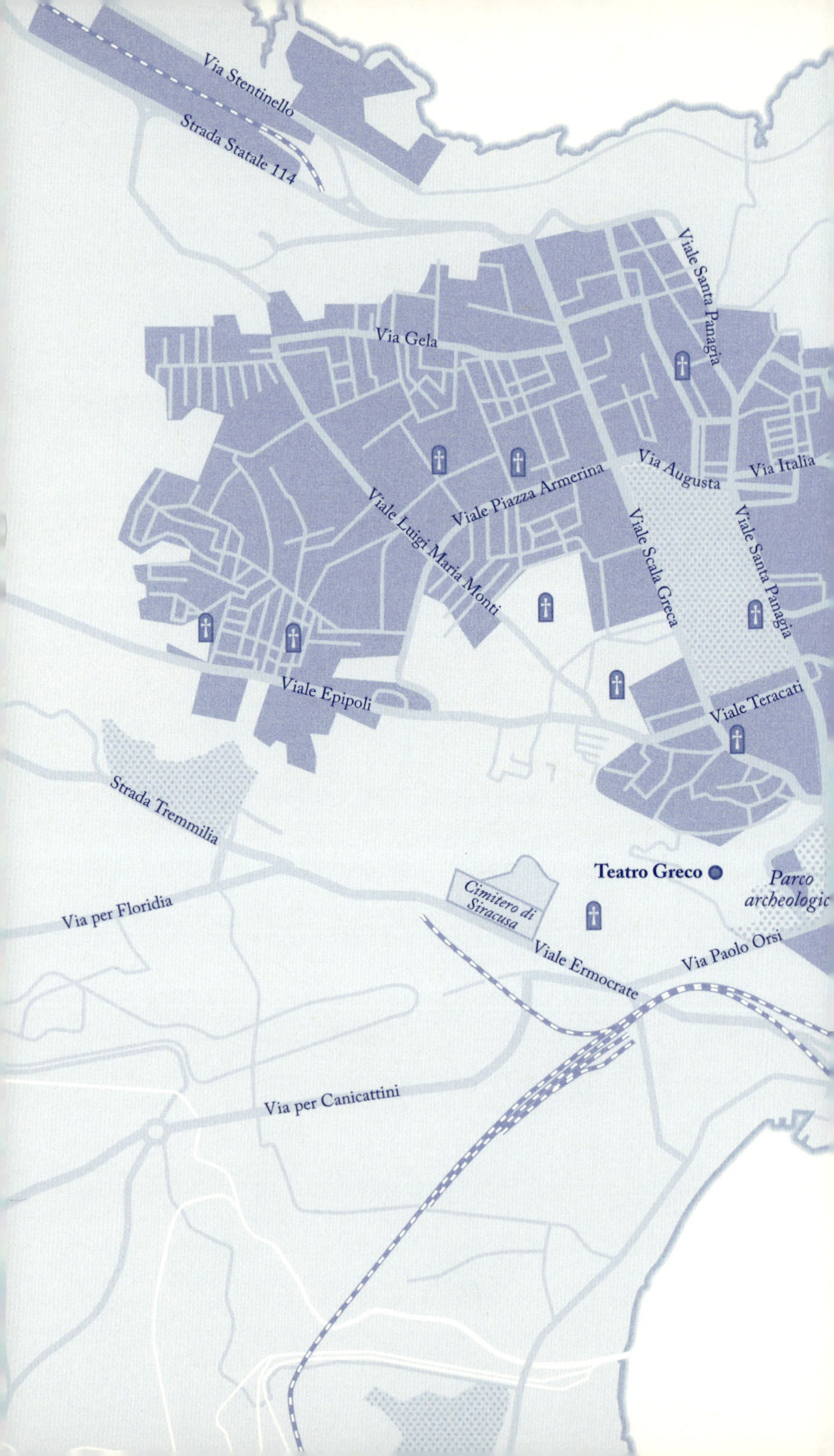
Via Stentinello
Strada Statale 114
Viale Santa Panagia
Via Gela
Via Augusta
Via Italia
Viale Piazza Armerina
Viale Luigi Maria Monti
Viale Scala Greca
Viale Santa Panagia
Viale Epipoli
Viale Teracati
Strada Tremmilia
Teatro Greco
Parco archeologic
Cimitero di Siracusa
Via per Floridia
Viale Ermocrate
Via Paolo Orsi
Via per Canicattini